Trámites online con la Administración

ADGD267PO Administración y gestión

EF/ADGD267PO/JUN/24

© CEA. Ediciones Valbuena

ISBN: 978-84-1077-048-5
Depósito legal: M-14581-2024
Editado en junio de 2024
Imprime: Ediciones Valbuena, S.A.
Impreso en España. Printed in Spain

Presentación

Comprometidos por ofrecer una propuesta formativa ajustada a las necesidades de la sociedad y del mercado de trabajo, Ediciones Valbuena presenta este manual para la Especialidad formativa de **Trámites online con la Administración**, perteneciente a la Familia profesional de **Administración y gestión**.

Esta **Especialidad formativa**, con una duración asociada de 25 horas, se integra en el Catálogo de especialidades con el código ADGD267PO.

En la elaboración de los contenidos hemos pretendido garantizar la **adquisición, mejora y actualización de las competencias profesionales** requeridas en el mercado laboral, así como fomentar el **aprendizaje**.

En nuestra página web **www.edicionesvalbuena.es** estarás al día de todo en cuanto a información sobre cursos, productos y servicios se refiere, además tendrás la opción de dirigirnos cualquier consulta o sugerencia.

Esperando haber cumplido el objetivo propuesto, te expresamos nuestros mejores deseos de éxito.

Ediciones Valbuena

Índice

Iconos de Información

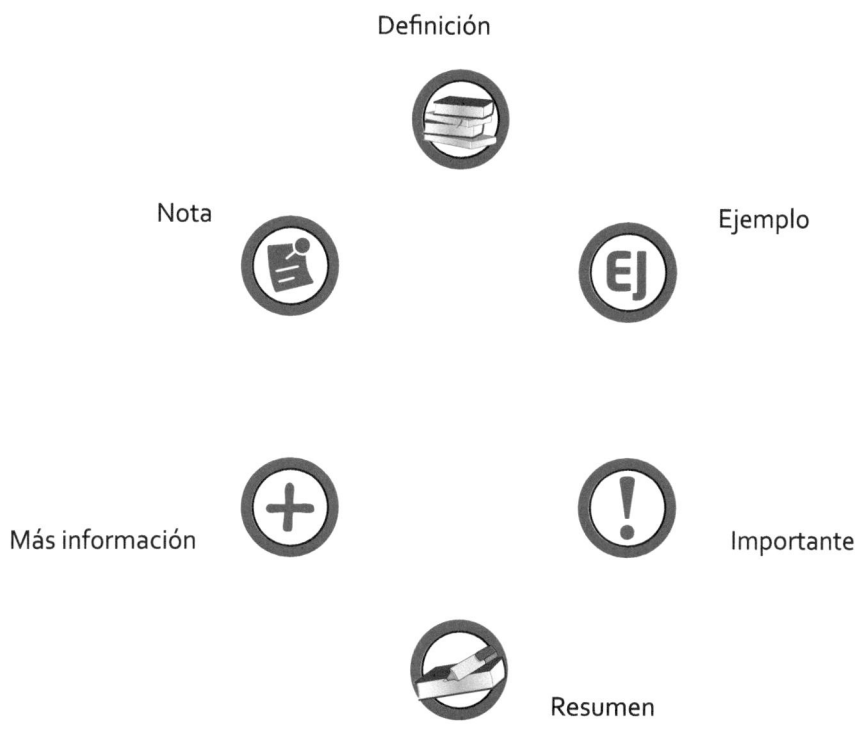

Definición

Nota

Ejemplo

Más información

Importante

Resumen

UNIDAD DIDÁCTICA 1

Conceptos básicos

Contenido & Objetivos

Introducción

1. Comunicaciones y noticias en Internet

2. Buscadores

3. Modalidades de pago en Internet

4. Conceptos básicos de la banca online

Los **objetivos** de esta unidad son:

1. Realizar búsquedas en Internet.

2. Conocer diferentes buscadores de Internet.

3. Conocer diferentes modos de pago en Internet.

4. Utilizar la banca online.

Introducción

A lo largo de esta unidad conoceremos los conceptos básicos relacionados con Internet. Nos iniciaremos con las comunicaciones y noticias; a continuación, veremos los buscadores de Internet; continuaremos con las formas de pago en Internet; y finalizaremos con los conocimientos básicos de banca online.

Una vez tengamos afianzados estos conocimientos básicos, pasaremos a las siguientes unidades, donde entraremos en más detalle en los trámites online que nos ofrecen las Administraciones.

Internet es un conjunto descentralizado de redes de comunicación que están interconectadas y que utilizan una serie de protocolos informáticos para conseguir que las diferentes redes que están conectadas se conviertan en una única red de lógica de alcance mundial.

La actual situación de la tecnología de la información y comunicación (TIC) proviene de los años 60, cuando el ejército de los EE.UU. crea un sistema de comunicación entre ordenadores denominado ARPANET. Al cabo de unos pocos años ya tenía 40 ordenadores conectados. Posteriormente, el sistema se transmitió a unos civiles y creció hasta las dimensiones que tenemos hoy en día, así podemos entender que Internet es una gran red en la que los ordenadores se conectan para transmitir información entre ellos.

Existen dos tipos de redes: redes LAN y redes WAN. La red LAN, o red de área local, es la que se configura en áreas pequeñas y privadas como oficinas u hogares. La conexión se realiza mediante cable o mediante wifi, que es una comunicación sin cables. La red WAN, o red de área ancha, reúne un gran grupo de redes LAN o redes de área local. El área de extensión geográfica de estas redes es muy amplio y es la que se utiliza en las ciudades o países. La conexión se realiza a través de cable, fibra óptica o satélites.

El ejemplo básico de este tipo de redes es el de los proveedores de servicios como Vodafone o Movistar. Para identificar nuestro equipo (ordenador, tablet, teléfono inteligente o cualquier otro) debemos tener una IP, que es la identificación individualizada de cada equipo.

Los sitios web se identifican mediante una dirección url. Para buscar cualquier cosa o dirección en Internet utilizamos un navegador, que es una aplicación informática que nos permite acceder a páginas web y navegar por una red.

Lo que nos permite el navegar es visualizar las páginas web y sus componentes ya que se comunica a través de un protocolo común HTTP (protocolo de transferencia de hipertexto).

1. Comunicaciones y noticias en Internet

Internet, hoy en día, es un canal multifuncional que permite unas comunicaciones y difusiones que ningún otro canal de comunicación puede ofrecer. Las comunicaciones pueden ser:

⇨ **Universales**: porque sus contenidos pueden ser vistos en toda la red, traspasando fronteras de manera inmediata.

⇨ **Omnifuncionales**: porque puede conectar, distribuir, coleccionar datos de manera personal y actualizarse de modo inmediato.

⇨ **Bidireccionales**: porque es interactivo.

Al ser bidireccionales les permite **actualizar sus contenidos en función de los intereses** de los lectores, oyentes, televidentes o seguidores.

Ofrecen una mayor **facilidad e inmediatez** en el acceso y búsqueda.

Acceso a todo el **contenido histórico** del medio.

Pueden actualizar sus noticias y contenidos al mismo tiempo que se van produciendo.

En el caso de la radio es de crucial importancia, ya que **ha eliminado los problemas de frecuencia y las limitaciones del alcance geográfico**.

Ha surgido una nueva forma de escuchar la radio como son los podcast (archivo que puede ser una parte o todo un programa, que el usuario puede descargar para escucharlo en su ordenador o dispositivo portátil en el momento que mejor le convenga).

Se abren nuevos medios de comunicación diferentes de los tradicionales, como son los blogs y redes sociales (RRSS). Un blog, también llamado bitácora, es un sitio web donde el autor escribe una especie de diario en el que habla de distintas temáticas que interesan a un público determinado y pueden hacer comentarios, preguntas e interacciones.

Las redes sociales son herramientas de comunicación entre usuarios para compartir información en diferentes formatos de audio, vídeo, imagen o texto. Para ser consideradas redes sociales tienen que cumplir con cuatro requisitos:

1. Ser una red de contactos.

2. El usuario ha de tener un perfil.

3. Han de permitir interactuar.

4. Tiene que ofrecer interactuar (crear, compartir o participar).

Y pueden ser de dos tipos:

- Verticales: tienen como objetivo establecer relaciones en torno a intereses comunes. Hay tantas redes verticales como intereses particulares.

- Horizontales: tienen como objetivo establecer relaciones, sin intereses definidos. Son los usuarios los que marcan los intereses.

Los ejemplos más clásicos de redes sociales son: Facebook, X, Meetic, TripAdvisor, YouTube, WhatsApp, Hangouts, Spotify, Instagram...

Es importante contrastar las noticias con fuentes fiables ya que la generalización de la emisión de noticias facilita la creación de noticias falsas (*fake news*).

El principal objetivo de una noticia falsa es el de manipular a la opinión pública y obtener con ello algún tipo de beneficio económico o político. La forma más sencilla de comprobarlo es comprobando las fechas, las firmas de la noticia, los titulares exagerados o la URL ya que, a veces, la alteran para que parezca un lugar conocido.

2. Buscadores

Un buscador, o *browser*, es el software que opera indexando archivos y datos en la web para facilitar la búsqueda de los mismos respecto de términos y conceptos relevantes al usuario con solo ingresar una palabra clave.

Cuando introducimos un término, la aplicación nos devuelve un listado de direcciones web en las cuales dicha palabra está incluida o mencionada.

Nos permite ver sitios web, blogs, vídeos, imágenes... Esto se debe a que son capaces de leer lenguajes de programación HTML o JavaScript y así transformar el archivo de texto tal y como los vemos.

Al principio se trataba de programas muy simples. Con el tiempo son cada día más complejos y ofrecen multitud de herramientas y funcionalidades.

Hay distintos tipos de buscadores:

⇨ **Índices de búsqueda**

Se trata de los primeros buscadores que aparecieron. Un equipo crea una base de datos con direcciones que clasifican en función de su contenido. Son listas de recursos clasificados por categorías de manera jerárquica, desde los temas más generales hasta los más específicos.

Los más conocidos son DMOZ, que es el directorio de Google o el directorio de Yahoo! Aunque el primer índice de búsqueda que apareció fue el de Yahoo!

⇨ **Motores de búsqueda**

Se trata de un concepto distinto al de los índices. Aquí, la búsqueda de direcciones la hace un programa que va visitando páginas web, y al mismo tiempo, creando una base de datos donde hace una relación entre la dirección de la página y las cien primeras palabras que aparecen en la misma. Así, la búsqueda se realiza por palabras clave y los resultados se ofrecen en función de la cantidad de palabras clave que coincidan.

El buscador de Google es el ejemplo clásico de motor de búsqueda con el avance de Internet. Los buscadores han ido evolucionando y buscan ofrecer la mayor cantidad de recursos disponibles. De este modo, los distintos motores se parecen cada vez más entre sí y ya no ofrecen una gran diferencia en el resultado de las búsquedas.

⇨ **Metabuscadores**

Estos no tienen una base de datos propia en distintos motores de búsqueda e índices, y combinan la búsqueda de ambos entregando un resumen de los artículos más semejantes al tema que se busca.

Los más conocidos son MetaCrawler, Tripadvisor, Momondo, Indeed, etc.

Puesto que no utilizan una base de datos y emplean distintos motores e índices, son los más completos y los que se usan para una búsqueda más amplia de todos los recursos. disponibles en Internet.

⇨ **Buscadores especializados**

Se trata de buscadores que se dirigen a un público y contenido concreto y que han surgido alrededor de la literatura, cine, música y otros.

Existen gran cantidad de navegadores y cada uno de ellos tiene sus características que los hacen diferentes y más interesantes en función del uso y de los gustos de cada usuario.

▶ **Google Chrome**

Es uno de los navegadores más conocidos.

- **Ventajas:**
    - ⇨ Rapidez.
    - ⇨ Extensión en número de usuarios.
    - ⇨ Gran cantidad de extensiones.
    - ⇨ Compatible con los dos principales sistemas operativos, Windows y Apple.

- **Desventaja:**
    - ⇨ Tiene un gran uso de memoria RAM (*Random Access Memory* o memoria de acceso aleatorio), que se conoce también como memoria volátil y es donde se guardan los datos que se están usando en el momento.

▶ **Mozilla Firefox**

Al igual que Chrome, es muy conocido.

- **Ventajas:**
    - ⇨ Puede ser muy personalizable.
    - ⇨ No usa mucha memora RAM.
    - ⇨ Tiene una versión para dispositivos móviles.

- **Desventaja:**
    - ⇨ Tiene una interfaz algo más complicada que los demás navegadores.

▶ **Safari**

Es el primer navegador diseñado directamente para los sistemas operativos de Apple.

- **Ventaja:**

  ⇨ Es sumamente rápido y con una experiencia diferente al resto.

- **Desventaja:**

  ⇨ Aunque existió, ahora no hay una versión compatible con el resto de sistemas operativos.

▶ **Microsoft Edge**

Es el buscador que Windows instala desde la presentación de Windows 10.

- **Ventaja:**

  ⇨ Mejora el rendimiento que tenía el anterior buscador de la marca (Explorer), teniendo un uso bastante reducido de la memoria RAM.

- **Desventaja:**

  ⇨ Aunque existen versiones para otros sistemas operativos, no funcionan tan bien como con Windows.

▶ **Opera**

- **Ventajas:**

  ⇨ Tiene un gran número de usuarios.

  ⇨ Es rápido.

  ⇨ Incluye un VPN (*Virtual Private Network*, o red privada virtual), lo que significa que nuestra conexión es directa a un servidor VPN, evitando el paso por el servidor de nuestro proveedor de Internet y garantizando una mayor privacidad.

- **Desventaja:**

  ⇨ Tiene una mayor necesidad de uso de memoria RAM, sin llegar al nivel de Chrome.

▶ **Bing**

Es el navegador de la empresa Microsoft y su parecido con el de Google es muy grande, pero tiene una serie de diferencias de funcionamiento notables ya que, mientras este último prefiere páginas recientes, a Bing le interesan páginas con menos actualización pero mejor reputación.

3. Modalidad de pago en Internet

3.1. El comercio electrónico

Hay dos factores que han generado una modificación de los hábitos de consumo de los ciudadanos:

⇨ El gran desarrollo de Internet.

⇨ El ritmo de vida tan vertiginoso de la sociedad actual.

Ambos factores son el caldo de cultivo para el nacimiento del **comercio electrónico (e-commerce)**.

Desde el punto de vista de los fabricantes, vendedores y comercios, Internet se ha convertido en un gran escaparate para sus productos. El vendedor puede poner sus ofertas al alcance de nuestro ordenador o de nuestro dispositivo portátil.

Desde el punto de vista de los compradores las ventajas son variadas:

▶ **Comodidad**. El comprador no tiene necesidad de salir de casa para poder comprar. Esto es especialmente importante en lugares aislados.

▶ **Variedad**. Puedes acceder a cualquier comercio del mundo y encontrar la marca, modelo, color o talla que desees.

▶ **Comparación**. Estando frente a la pantalla del ordenador, nos encontramos con que podemos entrar al mismo tiempo en dos, tres o más tiendas comparando precios y así decidirnos por el mejor. Incluso para determinados productos o servicios hay buscadores especializados que realizan esta labor y nos muestran en pantalla los resultados obtenidos referidos a distintos criterios como pueden ser precio, relevancia o mejores calificaciones de los compradores.

▶ **Precio**. Ya que el vendedor elimina gran parte de sus costes fijos, es frecuente que ofrezca precios más reducidos en la venta electrónica.

3.2. Logística y medios de pago

La logística y los medios de pago son dos aspectos clave del comercio electrónico.

Entendida como el nexo de unión entre el área productiva y el mercado, la **logística** ha sufrido un gran desarrollo en cuanto a plazos, condiciones de entrega, devolución y garantía.

En cuanto a los **medios de pago**, es un punto crítico del proceso de compra. La principal desventaja para el usuario en este aspecto es la inseguridad. Y es por ello que las empresas que operan en el mercado virtual están invirtiendo y mejorando sus sistemas de pago para garantizar una mayor seguridad y dar más confianza al usuario.

Existen, fundamentalmente, seis medios de pago a través de Internet:

⇨ **Contra reembolso:** el cliente realiza el pago al recibir el bien. Es decir, el cobro lo realiza el propio repartidor en el momento de la entrega.

Esto es un problema para la empresa vendedora, ya que necesita que la empresa repartidora tenga equipos y autorización para realizar y gestionar cobros. Y supone un encarecimiento de los costes.

⇨ **Transferencia bancaria:** es un sistema casi en desuso. En este caso el vendedor facilita un número de cuenta para que el cliente haga una transferencia y, al recibir el dinero, tramita el pedido y lo envía.

⇨ **Pagos a través de la tarjeta:** las tarjetas bancarias son un producto bancario. Las emite una entidad financiera y autoriza a su titular a utilizarlas como medio de pago en cualquier negocio adherido al sistema.

Para realizar el pago, el vendedor se pone en contacto con la entidad financiera y, a través de una herramienta informática conocida como pasarela de pago, materializa dicho pago.

Es un medio muy utilizado y de gran sencillez para el usuario. Y para aquellos usuarios que siguen desconfiados o no quieren que las empresas accedan a sus datos, las entidades de crédito ofrecen tarjetas prepago que funcionan como una cartera virtual con una cantidad de dinero en su interior y sin más liquidez.

En el momento en que el comprador genera un pedido y elige pago con tarjeta, la pasarela de pago solicita los datos, envía la información a la entidad financiera (quien la acepta o no) y, para terminar, la tienda avisa al cliente de la aceptación o no de su operación.

⇨ **Pagos online a través del móvil:** últimamente se ha desarrollado el pago a través de dispositivos móviles. Realmente este es una evolución del pago con tarjeta ya que lo que tiene en sí el teléfono es una aplicación que se conoce como cartera digital y que nos permite elegir entre las distintas tarjetas que tenemos almacenadas en la misma. No obstante, no envía los datos cifrados de la tarjeta que tenemos almacenados, sino que envía un código que sirve para un único pago. Esto es lo que hace el pago más seguro que con una tarjeta clásica.

Bizum es una aplicación móvil que, actualmente, es una de las más utilizadas para realizar pagos online. Es habitual su uso para pagos entre particulares, pero cada vez es más común como medio de pago en los comercios online. Gran parte de las entidades financieras ofrecen este servicio desde su propia APP.

⇨ **Moneda virtual:** la moneda virtual es un tipo de dinero no regulado por ninguna entidad monetaria ni nacional ni supranacional, ni tampoco por ninguna entidad de crédito. Esto supone que los usuarios deben tener confianza en el sistema.

Ha revolucionado el pago en Internet, ya que su uso se limita únicamente a la red.

Su gran ventaja es que disminuye las comisiones que se le cobran al vendedor. Aunque, por otro lado, al no estar regulado por ninguna autoridad central carece de cobertura legal si de algún modo perdiéramos el dinero.

Las principales monedas virtuales son el Bitcoin, el Peercoin, Ripple, Litecoin y Dogecoin.

Cada una de ellas tiene sus características propias que las diferencian entre sí.

⇨ **PayPal:** este método de pago nace para incrementar la seguridad de los pagos en Internet. Realmente es una plataforma o puente que une a las dos partes de la transacción, pero siendo al mismo tiempo un dique de contención.

Cuando nos damos de alta en el sistema, nos requiere una serie de datos bancarios o de tarjetas, pero estos no se transmiten a la otra parte. Así pues, el vendedor nunca conocerá nuestro número de cuenta o de tarjeta, únicamente recibirá el dinero una vez nosotros hayamos recibido nuestro producto a nuestra entera satisfacción. En caso de no recibir, o recibir en mal estado el producto, lo comunicamos a PayPal, quien retendrá el pago hasta llegar a una satisfacción.

La seguridad que ofrece sumado a la facilidad de manejo ha hecho que en poco tiempo se haya convertido en el medio de pago más utilizado.

4. Conceptos básicos de la banca online

 **Banca online** es la alternativa a visitar una oficina bancaria para realizar cualquier gestión a través de Internet. Se trata de un portal o aplicación que el banco pone a disposición de sus clientes.

4.1. ¿Cómo funciona?

⇨ El usuario tiene un **código de identificación y una clave personal** (que el usuario puede ir cambiando periódicamente) para poder acceder. Una vez dentro de la aplicación, tiene a su alcance un gran número de operaciones.

⇨ De cara a garantizar la seguridad de las operaciones, las diferentes entidades utilizan diferentes métodos. Por un lado, existen las **tarjetas de coordenadas**. Se trata de una tarjeta que tiene entre 50 y 60 posiciones asociadas a un código de 3 dígitos cada una de ellas. Esta tarjeta está vinculada a un cliente, que tiene la obligación de mantenerla en su propiedad y custodiarla. Al realizar cualquier operación a través de Internet, antes de completarla y como forma de garantizar que quien está haciendo la operación está autorizado, nos solicita el código de una posición de la tarjeta. Si el código no se introduce o no es correcto, la operación no se realiza.

⇨ El otro sistema empleado es la **asociación del teléfono móvil del cliente a su acceso a Internet**, de modo que en el momento que quiere realizar una operación se le envía un código de un único uso a su teléfono. Tiene que introducir dicho código de manera correcta, ya que si no se introduce o no se hace bien, la operación no se realiza.

Dentro del concepto de banca online o banca electrónica está incluida toda la operativa en la que la entidad utiliza los servicios de Internet, esto es, cajeros automáticos, terminales punto venta (TPV), las líneas telefónicas digitales, los ordenadores personales, los teléfonos móviles y cualquier otro dispositivo móvil.

Banca virtual es un tipo concreto de banco online que se caracteriza por operar únicamente a través de Internet. Carece de oficinas físicas, salvo la sede central y alguna otra de interés para la entidad y sus clientes.

4.2. Ventajas

Las grandes **ventajas** de la banca electrónica son:

▶ **El fin de las barreras físicas:** para el banco, esto supone no tener que mantener una red de oficinas de grandes dimensiones, con el consiguiente ahorro de alquileres y costes de personal.

Para el cliente, el ahorro en tiempos de espera y desplazamientos a las sucursales para ser atendido.

▶ **El fin de las barreras temporales:** permite la gestión durante las 24 horas del día y durante los 365 días del año.

Si esto es un beneficio para los particulares, no lo es menos para las empresas, que desde este momento no se ven supeditadas a las visitas permanentes a las oficinas en un horario rígido.

▶ **Mejores condiciones:** normalmente, la banca electrónica tiene unas comisiones menores y unos tipos de interés más reducidos en caso de préstamos e hipotecas.

4.3. Desventajas

Por otro lado, también existen inconvenientes:

▶ **La seguridad:** todo desarrollo de una nueva tecnología viene acompañado por el nacimiento de un nuevo tipo de delincuencia. La **ciberdelincuencia** es todo tipo de actividad en la que se utilice Internet o una red privada o pública para cometer un delito, bien sea contra la intimidad, obtención de datos, robo de identidades, fraudes, etc.

Y la ciberdelincuencia no solo posibilita el robo de nuestro dinero, también el de nuestros datos, lo que puede llevar a la suplantación de personalidad y a fraudes en la red en nuestro nombre.

Para ello los bancos desarrollan plataformas seguras y, en aplicación de la nueva legislación comunitaria, aumentan la seguridad con dobles controles en la operativa.

▶ **La relación:** esa relación que existía entre el representante del banco (el empleado) y el cliente desaparece. Este es un inconveniente que los bancos tienen muy en cuenta, ya que esas relaciones eran las que creaban la confianza en la entidad y, por consiguiente, la fidelidad del cliente.

Al no existir esta fidelidad y tener al alcance de un clic cualquier otro banco, los clientes pueden optar por cambiar de banco con una rapidez que antes no existía.

▶ **El acceso a Internet:** puede parecer imposible en nuestra sociedad actual, pero todavía hay un gran número de lugares en España donde el acceso a Internet es una utopía. Normalmente se trata de zonas rurales, donde hay poca población y a los operadores no les resulta rentable la instalación de los equipos. Pero otras veces, por motivos de edad hay mucha población que carece de ordenador personal.

En esta unidad hemos explicado lo que es **Internet**: un **conjunto descentralizado de redes de comunicación que están interconectadas** y que utilizan una serie de protocolos informáticos para conseguir que las diferentes redes se conviertan una única red lógica de alcance mundial.

Hemos hablado de las **redes sociales: herramientas de comunicación entre usuarios para compartir información** en diferentes formatos de audio, vídeo, imagen o texto; de contenido profesional o de relación.

Hemos explicado lo que es un **buscador: software que nos permite visitar sitios web, blogs, vídeos o imágenes**, ya que son capaces de leer lenguajes de programación HTML o JavaScript y así transformar el archivo de texto tal y como los vemos.

Nos hemos introducido en los **medios de pago existentes a través de Internet**:

⇨ Contra reembolso.

⇨ Transferencia bancaria.

⇨ Pagos a través de tarjeta.

⇨ Pagos online a través del móvil.

⇨ Moneda virtual.

⇨ PayPal.

Y hemos hablado de la **banca online,** que es un **portal o aplicación que el banco pone a disposición de sus clientes para realizar sus operaciones de forma virtual con las siguientes ventajas:**

▶ El fin de las barreras físicas.

▶ El fin de las barreras temporales.

▶ Mejores condiciones.

Pero también los siguientes **inconvenientes:**

• La seguridad.

• La relación.

• El acceso a Internet.

UNIDAD DIDÁCTICA 2

Seguridad de los trámites online

Contenido & Objetivos

Introducción

1. La seguridad en Internet

2. Mecanismos que garantizan la seguridad de las transacciones en Internet

3. Los certificados digitales

4. La firma digital

5. PKI o sistemas de clave pública

6. Certificado de la FNMT

Los **objetivos** de esta unidad son:

1. Reconocer la importancia de la seguridad en Internet.

2. Conocer los certificados digitales y su uso.

3. Conocer la firma digital y su uso.

4. Conocer qué es la PKI o sistemas de clave pública y su uso.

Introducción

Según la RAE, **seguridad** es "la cualidad de seguro"; mientras que **seguro** es, entre otras acepciones, "libre y exento de riesgo", "lugar o sitio libre de todo peligro", "que no falla o que ofrece confianza" y "dispositivo que advierte de que se ha producido una anomalía en el funcionamiento de algo".

De este modo, **seguridad en Internet** debemos entenderla como aquellos mecanismos, dispositivos o sistemas que nos aseguran la capacidad de estar exentos de riesgo.

Y ahora deberíamos comprender cuáles son los riesgos a los que nos enfrentamos en la red en nuestra relación con las Administraciones:

* Suplantación de personalidad.

* Estafas.

* Robos. Tanto económicos como de datos.

1. La seguridad en Internet

1.1. Autenticación, autorización, administración y mantenimiento de la integridad

La seguridad en Internet debe ir precedida de la seguridad en los equipos. Y para esto debemos señalar cuatro mecanismos básicos de seguridad:

⇨ **Autenticación**

Se trata de la verificación de la identidad del usuario, la de una firma o la de un documento y la integridad de sus datos en formato electrónico y su origen.

El sistema de autenticación que con más frecuencia se utiliza es solicitar un nombre de usuario y una contraseña. No obstante, cada vez se está extendiendo el uso de técnicas más seguras.

Las tres técnicas más seguras son:

▶ La contraseña (lo que uno sabe).

▶ Los elementos materiales (lo que uno tiene).

▶ La biométrica (lo que uno es).

El uso de la combinación de más de un método mejora la seguridad de autenticación.

29

Lo más frecuente es emplear contraseñas, no obstante, esta técnica será tanto más segura cuanto más compleja sea la contraseña utilizada. Existen programas informáticos de generación de claves. Además, debemos ser conscientes de la necesidad de mantener en nuestro poder las contraseñas y no prestarlas ni anotarlas en ningún sitio. También es necesario cambiar las contraseñas de manera periódica.

Una contraseña difícil de adivinar es una contraseña segura y debe reunir dos características:

▶ Número de caracteres elevado (seis o más).

▶ Caracteres amplios y variados (alternación de mayúsculas, minúsculas y números).

⇨ **Autorización**

Es el proceso mediante el cual se determina qué, cómo y cuándo un usuario autenticado puede utilizar los recursos del equipo.

El mecanismo de autorización varía en función de qué estemos protegiendo, aunque lo más frecuente es hacerlo por medio de una autenticación, esto es, mediante una contraseña que da acceso a los datos protegidos.

⇨ **Administración**

Es la organización que establecemos para mantener y eliminar las autorizaciones de los usuarios del sistema o del equipo.

Los administradores son los responsables de decidir quién accede a qué y cómo lo hace.

Todos los sistemas operativos disponen de módulos específicos de administración de seguridad (firewall o cortafuegos). Además, existe software externo y específico que se puede utilizar en cada situación (programas de antivirus y eliminación de malware).

⇨ **Mantenimiento de la integridad**

Es el conjunto de procedimientos que establecemos para evitar o controlar que los datos sean consultados, utilizados o modificados de manera no autorizada y que la información que compartimos se haga de manera inalterada.

Las técnicas más empleadas para mantener la integridad de los datos y los equipos son la **encriptación** y el uso de los **antivirus**.

Por otra parte, y desde el mismo instante en el que conectamos nuestro ordenador a Internet, de igual modo que podemos obtener información y enviarla a otros ordenadores, otros ordenadores pueden acceder al nuestro y obtener, modificar o eliminar datos en nuestro equipo.

La **seguridad** es dotarnos de métodos y normas que consigan evitar el acceso a nuestra información en nuestros equipos y comunicaciones.

1.2. Ciberdelincuentes

Los **ciberdelincuentes** son personas y organizaciones que, utilizando sistemas informáticos, intentan obtener un beneficio.

Este beneficio lo obtienen por medio de la manipulación de la información de las víctimas o a través de técnicas de ingeniería social.

Los principales delitos que se cometen son:

a) Suplantación de identidad.

b) Venta de datos personales.

c) Daños de la información para causar perjuicios a empresas.

d) Robos de información de empresas y particulares para usarse de manera fraudulenta.

e) Ataques a sistemas o equipos.

f) Sustracción de dinero.

Para realizar ataques y robos se utilizan diferentes mecanismos o sistemas. Los más habituales son:

▶ *Phishing y pharming*

El *phising* y el *pharming* son dos técnicas de robo de datos para poder utilizarlos con posterioridad.

En el *phishing* utilizan técnicas de ingeniería social. Haciéndose pasar por una empresa de confianza, nos obligan a introducir nuestro usuario, clave y contraseña para poder utilizarlos con posterioridad realizando compras y disposiciones de efectivo cargando a la víctima el coste.

Para identificar esta técnica habría que mirar la URL, pues suele aparecer alguna discrepancia con la dirección normal de la empresa.

El *pharming* es muy similar. Utiliza también una página web que nosotros creemos que es la que estábamos buscando, pero en vez de llegar a ellos porque se ponen en contacto con nosotros, ahora nosotros somos los que buscamos una página y, en ese momento, engañan al servidor y nos reenvía a otra que parece la que nosotros queríamos visitar. Ahí tenemos que introducir nuestra clave, usuario y contraseña y ya pueden utilizarlos para delinquir.

▶ *Botnets*

Una red de *bots*, o *botnet*, es una red de ordenadores que funcionan sin conocimiento de sus propietarios, ya que han sido "secuestrados" por *malware* (cualquier sistema dañino o malicioso que es perjudicial para nuestro equipo y que intenta invadir, dañar, deshabilitar o asumir el control del equipo infectado sin conocimiento de su propietario).

La forma más fácil de detectar que nuestro ordenador está secuestrado es porque estando inactivo, el ventilador se pone en marcha con frecuencia (esto es debido a que, aunque nosotros no lo veamos, el equipo está funcionando de manera oculta).

▶ **Fraudes de afiliación**

En el **fraude de afiliación** nos ofrecen la afiliación a una página de descuentos en distintas marcas. En el momento en que les facilitamos los datos, ya los pueden utilizar para otras compras sin más conocimiento que el pago de las facturas.

▶ *Reshipping*

En el caso del *reshipping*, que también se conoce como **mula**, se engaña a un tercero a través de una comisión para recibir una mercancía comprada con una tarjeta falsificada y evitar así ser descubiertos. La mula, posteriormente, debe enviar la compra fraudulenta a otra dirección donde la recogerá el delincuente.

▶ **Triangulación**

En la **triangulación** existen tres partes: la **tienda falsa**, el **consumidor** y los **datos robados**.

Realizamos la compra y todo es satisfactorio hasta que tenemos una anulación de la compra por parte de la tienda y, sin embargo, esta ya tiene todos los datos para hacer otras compras.

▶ **Suplantación de personalidad**

La **suplantación de personalidad** se produce cuando consiguen entrar en tu cuenta de usuario de cualquier página y se hacen pasar por ti para hacer compras que envían a unas direcciones diferentes de las tuyas.

▶ *Clean fraud*

En el *clean fraud* (en su traducción literal "fraude limpio") es todo aparentemente perfecto. Los datos de la cuenta son correctos, no hay historial negativo de usuario, la tarjeta cumple todos los protocolos de seguridad, la IP es correcta...

Es el más sofisticado de los fraudes y se usa fundamentalmente para bienes de lujo, debido a que el ciberdelincuente se ve necesitado de una inversión en medios y tiempo muy elevada.

1.3. Medios de protección básicos: prevención y precaución

Los medios de protección básicos son la **prevención** y la **precaución**. Hemos de ser conscientes de dónde entramos, qué nos piden y qué entregamos. Hay determinadas compras que pueden requerir un gran número de datos personales, pero también las hay que tan solo requieren lo básico. Hemos de ser conscientes de qué nos piden y por qué, y no confundirnos y entregar demasiada información. Para ello debemos tener siempre en cuenta:

- Cuál es la **finalidad** de la información que me requieren.

- El **derecho a la información**. Qué tratamiento se le dará a la información facilitada.

- **Formalidad para el ejercicio de los derechos**. Siempre tenemos derecho a acceder, rectificar, suprimir, oponer y limitar el tratamiento y la cesión de los datos.

- **Conocer si se van a realizar estudios utilizando los datos personales** y que con el paso del tiempo pueden afectar al usuario.

- **Qué tiempo de conservación existe en las bases de datos** de nuestra información personal.

No obstante, **hay situaciones en las que los datos pueden ser tratados sin consentimiento**:

⇨ Cuando el tratamiento sea para poder realizar las **funciones propias de las Administraciones Públicas**, siempre que dichos objetivos se encuentren dentro de sus competencias.

33

⇨ Cuando los datos personales son necesarios **para el cumplimiento o manteni-miento de un precontrato o contrato**. Siempre en los casos de relación administrativa, de negocios o laboral.

⇨ Cuando el objetivo perseguido con el tratamiento de datos personales sea el de poder **proteger el interés vital de la persona**. Esto aparece recogido en el apartado 6 de la Ley, concretamente, en los términos del artículo 7 (datos sobre ideología, religión, creencias, afiliación sindical, origen racial o étnico, salud, vida sexual y los de infracciones penales y administrativas).

⇨ Cuando los datos sean accesibles al público y su tratamiento responda a un **interés legítimo**, pero siempre sin poner en riesgo las libertades y derechos fundamentales del titular de los datos.

Es importante no facilitar información personal en Internet salvo que estemos seguros de a quién se entrega, y siempre teniendo en cuenta que cuando la entregamos tenemos que dar consentimiento expreso. Esto significa que el consentimiento ha de ser:

▶ **Libre**. El consentimiento se da sin que exista ningún tipo de coacción.

▶ **Específico**. El consentimiento se da para una finalidad concreta.

▶ **Inequívoco**. El consentimiento se da sin ningún tipo de dudas de si lo ha dado o no.

▶ **Informado**. El consentimiento se da conociendo la existencia del tratamiento de datos y sus objetivos.

2. Mecanismos que garantizan la seguridad de las transacciones en Internet

2.1. Consideraciones básicas de seguridad

▶ **Comprobar URL segura. Https:** cerciorarnos de que lo que hacemos lo hacemos en un sitio seguro. Para ello debemos fijarnos que la dirección en la que entramos tiene una URL segura.

Esto es fácil de ver fijándonos en ella. Siempre debe empezar por https:// y no por http. Https significa *HiperText Transfer Protocol Secure* (en español, protocolo de transferencia de hipertexto seguro), en http desaparece esa "s", lo que significa que desaparece el término seguro.

La diferencia entre una conexión segura y una no segura es que en la primera se agrega **criptografía para codificar la información transmitida**, de modo que en caso de interceptarse la comunicación su contenido no puede ser leído. Además, durante una conexión segura, se utilizan certificados para garantizar que el interlocutor es quien se conecta y no un tercero intermediario, ni un impostor.

▶ **Usar dispositivos personales:** debemos acceder a nuestras cuentas personales desde nuestros dispositivos personales y no desde dispositivos públicos, ni utilizando redes wifi públicas. Estos dispositivos y estas redes pueden estar infectados y no nos garantizan que carezcan de un *malware*, que nos roben los datos o nos infecten nuestro equipo.

También, debemos acceder directamente desde el navegador a la página que deseamos, evitando hacerlo desde otras páginas que nos deriven a ella. Así, nos aseguramos de que vamos donde nosotros queremos ir y no donde nos quieren llevar.

Nunca debemos abrir enlaces que nos redirijan a un banco o a una tienda.

▶ **Actualización del navegador:** debemos mantener actualizado nuestro poner coma después de navegador ya que es la herramienta que nos va a llevar a las páginas que queremos. Cualquier retraso en las actualizaciones genera grietas de seguridad por las que acceden los ciberdelincuentes.

▶ **Antivirus:** tener instalado y actualizado nuestro antivirus debe ser un "mantra" en nuestra navegación por Internet. Del mismo modo que nos vacunamos contra diferentes enfermedades y virus para estar protegidos, el antivirus de nuestro equipo es la medicina que lo mantiene sano y seguro.

▶ **Cuidado con las claves y contraseñas:** debemos evitar tener el almacenamiento de las claves y contraseñas en nuestro equipo. Todo lo que está en nuestro equipo es susceptible de ser accesible en el momento que conectamos el equipo a Internet.

Lo mejor es tener almacenadas las claves y contraseñas en nuestra memoria y cambiarlas con frecuencia; algo que nunca debemos hacer es dejar abierta una sesión. Ni en una web de un banco, ni en una tienda online.

Es cierto que la mayor parte de las empresas, cuando detectan un determinado tiempo sin interacción por parte del cliente, cierran automáticamente la sesión, pero también es cierto que debemos acostumbrarnos a hacerlo nosotros cuando dejamos de utilizarlas.

2.2. Mecanismos que mejor garantizan la seguridad

A la hora de hacer un análisis más técnico podemos identificar los siguientes mecanismos como los que mejor garantizan la seguridad de nuestras comunicaciones y datos en las transacciones en Internet:

- **Encriptación**

Encriptar es, según la RAE, "transcribir con una clave". Dicho de otro modo, es ocultar los datos mediante una clave.

La encriptación es un **procedimiento de seguridad que consiste en la alteración, mediante algoritmos, de los datos que componen un archivo**. El fin último de este mecanismo es hacer que dichos datos se vuelvan ilegibles en caso de que un tercero los intercepte.

Durante siglos, la humanidad ha utilizado la encriptación en sus comunicaciones.

Los diferentes sistemas que se utilizaron a lo largo de la historia fueron muy útiles en su momento e, incluso, a día de hoy, algunos son perfectamente aplicables a comunicaciones escritas. Pero la comunicación a través de Internet requiere de una tecnología adaptada a su propio entorno.

De este modo, la encriptación es un recurso muy utilizado a día de hoy para garantizar una transferencia segura de datos y documentos. Es imposible garantizar que no se sustraiga información sensible, ya que los canales de comunicación son comunes, pero sí podemos evitar que dicha información sea utilizada para el perjuicio de sus dueños legítimos.

La banca y los comercios online usan la encriptación de datos para evitar la sustracción y utilización por terceros de la información de sus clientes (números de tarjetas de crédito, información sobre transacciones, datos personales, números de cuenta, claves de acceso, etc.).

De igual modo, la mayor parte de los sistemas de mensajería emplean la encriptación para garantizar a sus usuarios que sus comunicaciones son más seguras y evitar que las conversaciones y el intercambio de archivos sean interceptados.

- **Firma digital**

La **firma digital** se refiere a una serie de métodos de encriptación que permite garantizar que el documento es el original y no ha sido alterado, asociándolo con la persona o equipo que emite el documento.

Puede asegurar también la integridad del mismo.

- **Certificado de calidad**

Este tercer mecanismo es un punto esencial, pero no está regulado legalmente por ningún país.

Consiste en obtener un certificado de calidad de la página web.

Estos certificados se obtienen de entidades externas que valoran diferentes aspectos. Y, aunque algunas se basan en las opiniones de los clientes, lo recomendable es reconocer esa seguridad a través de aquellas otras que realizan auditorías como autoridades independientes y que, en función del cumplimiento de unos estándares de seguridad establecidos, otorgan el certificado o, por el contrario, lo deniegan.

El **objetivo** principal de un certificado de confianza es **generar la tranquilidad suficiente para que el usuario esté seguro**.

Existen certificados de calidad diferentes según el tipo de información que se quiere asegurar al cliente:

a) Los **certificados SSL** (*Secure Sockets Layer*) demuestran la seguridad de las aplicaciones y sitios web.

b) Los *Cloud* son los certificados que obtienen los proveedores de servicios en la nube, que llevan a cabo un análisis de seguridad y que funcionan de acuerdo con la normativa vigente.

c) Existen distintos sellos o certificados que verifican que las compañías cumplen con códigos de buenas prácticas en el comercio electrónico. En España los certificados que mayor implantación tienen entre las empresas son CONFIANZA ONLINE (en su gran mayoría), TRUSTED SHOP y VERISIGN.

d) Y es que los comercios electrónicos pueden obtener más de un certificado de calidad. Existen sellos específicos que certifican que las empresas cumplen con determinados aspectos de la seguridad como: criterios de seguridad en el proceso de compra, la legalidad en cuestiones de privacidad o la protección de los consumidores.

2.3. Análisis de un certificado de calidad

El Instituto Nacional de Ciberseguridad (INCIBE) determina siete criterios de análisis a tener en cuenta para determinar qué garantiza cada certificado.

1. **Protección de datos personales:** existen certificados que garantizan que las empresas poseedoras cumplen con la normativa de protección de datos de carácter personal.

2. **Seguridad de la información:** existen certificados que garantizan que la empresa que lo sustenta cuenta con una protección adecuada de sus sistemas y herramientas. Se trata de una protección mayor a la meramente de datos personales.

3. **Confidencialidad en las comunicaciones:** existen certificados que acreditan que la información que se transmite en sus comunicaciones no puede ser divulgada a terceros. Un ejemplo de ello es el cifrado SSL.

4. **Protección de colectivos específicos:** existen certificados que garantizan que las empresas emplean medidas concretas de supervisión de estos colectivos. Los sellos con este criterio garantizan de manera obligatoria estos 4 puntos:

   ⇨ **Identificación**: se garantizan medidas para discernir e identificar material dirigido a adultos.

   ⇨ **Transacciones**: cuentan con sistemas que evitan la realización de transacciones de menores sin el consentimiento de sus padres o tutores legales.

   ⇨ **Acceso**: se implementan acciones que impiden el acceso a determinados contenidos o productos a menores.

   ⇨ **Publicidad**: existen medidas para evitar que llegue publicidad que pueda ser perjudicial a los menores.

5. **Resolución extrajudicial de conflictos:** existen certificados que garantizan este mecanismo para la resolución de conflictos. Cuando un incidente no pueda ser resuelto entre las partes, se puede solicitar a la marca del sello que actúe como parte mediadora.

6. **Transparencia:** existen certificados que garantizan la exposición total de la información relevante de una institución.

7. **Revisión continua:** las entidades certificadoras tienen establecida, como norma de obligado cumplimiento para la renovación de las certificaciones, la necesidad de que las empresas se sometan a una revisión o auditoría anual. De esta forma, se garantiza que sigue cumpliendo con los criterios definidos para contar con el certificado.

En España, la **Asociación Española de Normalización y Certificación (AENOR)** tiene un certificado de calidad específico para el comercio electrónico y con validez para todo el ámbito nacional.

El certificado de **Buenas Prácticas de Comercio Electrónico** asegura que la empresa que cuenta con su sello participa de una serie de principios y prácticas de gestión de calidad y seguridad.

 La certificación de AENOR cumple con todos los criterios de análisis de INCIBE que acabamos de ver, a excepción de la protección de colectivos específicos.

3. Los certificados digitales

3.1. ¿En qué consiste un certificado digital?

Un **certificado digital** es una herramienta que permite garantizar técnica y legalmente la identidad de una persona en Internet, nos permite realizar una firma electrónica de los documentos.

Además, el certificado digital nos permite que **las comunicaciones sean cifradas**. Únicamente el destinatario de la información tendrá acceso a su contenido.

Cada certificado digital se compone de **dos claves criptográficas**, una pública y una privada, creadas con un algoritmo matemático, y trabajan de manera que lo que una clave cifra, solo se puede descifrar con su clave pareja.

Todo titular de un certificado debe **mantener bajo su custodia la clave privada**, puesto que si esta es robada, el ladrón puede suplantar la identidad del titular en la red. Si esto llegara a ocurrir, el titular debe revocar el certificado a la mayor brevedad de cara a evitar cualquier tipo de problema.

La **clave pública** es parte de lo que se denomina certificado digital en sí, que es un documento digital que contiene la clave pública junto con los datos del titular, todo ello firmado de manera electrónica por una **Autoridad de Certificación**, que es una tercera entidad de confianza que asegura que la clave pública se corresponde con los datos del titular; es la encargada de emitir los certificados para los titulares una vez que ha comprobado la entidad de los mismos.

El organismo que se dedica a la creación y gestión de los certificados digitales en España es **CERES** (Certificación Española).

El formato de los certificados digitales está definido por el estándar internacional ITU-T X.509. De este modo, los certificados pueden ser leídos o escritos por cualquier aplicación que cumpla con el mencionado estándar.

La **firma electrónica** solo puede realizarse con la clave privada. Siendo la firma electrónica un concepto más amplio que el de firma digital.

La firma digital se refiere a una serie de métodos criptográficos. Y la firma electrónica es de naturaleza eminentemente legal, ya que da a la firma un marco normativo que otorga validez jurídica.

Una firma electrónica puede vincular un documento identificando a su autor, señalar la conformidad o disconformidad con el contenido de dicho documento, indicar que se ha leído o garantizar que es el original y no ha sido modificado.

3.2. Tipos

Atendiendo a la normativa, existen dos tipos de certificados fundamentales:

- **Certificado electrónico**: se trata de un documento firmado electrónicamente por una Autoridad de Certificación, que vincula unos datos de verificación de firma a un firmante y confirma su identidad.

- **Certificado reconocido**: se trata de un certificado electrónico que cumple con los requisitos recogidos en la Ley 6/2020, de 11 de noviembre, reguladora de determinados aspectos de los servicios electrónicos de confianza.

Según la normativa anterior podemos diferenciar entre cuatro certificados:

⇨ De persona física.

⇨ De persona jurídica.

⇨ De entidad sin personalidad jurídica.

⇨ De Administración Pública.

Sin embargo, desde el 1 de julio de 2016 dejaron de emitirse certificados de firma electrónica a favor de personas jurídicas o entidades sin personalidad jurídica. No obstante, estos certificados (conforme a las directrices del Ministerio competente) **pueden seguir utilizándose hasta su caducidad o revocación**.

Para sustituir a dichos certificados, se podrán utilizar certificados de firma electrónica de representante de personas jurídicas o entidades sin personalidad jurídica.

De acuerdo con la nueva normativa, los tipos de certificados son:

⇨ **Certificado de persona física:** es aquel que identifica a una persona individual. Permite identificarse de forma telemática o cifrar documentos electrónicos.

⇨ **Certificado de representante de persona jurídica:** es aquel que se expide a las personas físicas como representantes de las personas jurídicas.

   a) **Representante para administradores únicos y solidarios:** vincula un firmante con unos datos de verificación de firma y confirma su identidad. El firmante actúa en representación de una persona jurídica en calidad de representante legal con su cargo de administrador único o solidario inscrito en el Registro Mercantil.

   b) **Representante de persona jurídica:** vincula un firmante a unos datos de verificación de firma y confirma su identidad. Este certificado se expide a las personas jurídicas para su uso en sus relaciones con aquellas Administraciones Públicas, entidades y organismos públicos, vinculados o dependientes de las mismas.

   c) **Certificado de representante entidad sin personalidad jurídica:** es aquel que se expide a las personas físicas como representantes de las entidades. Vincula un firmante a unos datos de verificación de firma y confirma su identidad en los trámites tributarios y otros ámbitos admitidos por la legislación vigente.

⇨ **Certificados AP (Administración Pública):** son los que se expiden para identificar a las Administraciones Públicas y los empleados públicos en el ejercicio de sus funciones, ya que la Ley 40/2015, de 1 de octubre, de Régimen Jurídico del Sector Público, regula los sistemas de identificación de las Administraciones Públicas, y también los sistemas de firma electrónica del personal al servicio de las Administraciones Públicas y de sello electrónico para la actuación administrativa automatizada. Se desarrolla en el Real Decreto 203/2021, de 30 de marzo, por el que se aprueba el Reglamento de actuación y funcionamiento del sector público por medios electrónicos.

⇨ **Certificados de componente:** la FNMT-RCM también emite certificados electrónicos para la identificación de servidores o aplicaciones informáticas dotándolas de la confianza que otorga la FNMT-RCM como Autoridad de Certificación.

  a) Certificados de servidor SSL/TLS, wildcard y SAN multidominio.

  b) Certificado de sello de entidad.

  c) Certificados de sede y sello para la Administración Pública.

⇨ **Certificado software:** consiste en un fichero software, que no tiene soporte físico alguno más que el propio ordenador o servidor donde se instala.

⇨ **Certificado de tarjeta:** es aquel que se encuentra alojado en una tarjeta.

3.3. Pasos a seguir de cara a la obtención de un certificado digital

1. Entramos en la página web de la Fábrica Nacional de Moneda y Timbre (FNMT).

2. Solicitamos el certificado.

3. Rellenamos una serie de datos. Una vez cumplimentados nos envían un código de solicitud a la cuenta de correo electrónico.

4. A continuación, deberemos acreditar nuestra identidad presentándonos ante cualquier oficina de registro autorizada por la Autoridad de Certificación.

5. Regresamos y descargamos el certificado desde la página web de la FNMT.

 Es conveniente hacer una copia de seguridad del certificado electrónico.

 La obtención de un certificado electrónico es totalmente gratuita y cualquier ciudadano puede solicitarlo.

Lista de prestadores de Servicios de Certificación:

⇨ AC ABOGACÍA.

⇨ Agencia de Tecnología y Certificación Electrónica.

⇨ ANCERT–Agencia Notarial de Certificación.

⇨ ANF AC.

⇨ CAMERFIRMA.

⇨ CERES Fábrica Nacional de Moneda y Timbre – Real Casa de la moneda (FNMT-RCM).

⇨ Coloriuris, Prestador de Servicios de Confianza (CIPSC).

⇨ Consorci AOC (CATCert).

⇨ DIGITEL TS.

⇨ Dirección General de la Policía.

⇨ ECERTIC.

⇨ EDICOM.

⇨ Entidad de Certificación de la Organización Médica Colegial (EC-OMC).

⇨ ESFIRMA.

⇨ Firmaprofesional, S. A.

⇨ Gerencia de Informática de la Seguridad Social.

⇨ IVNOSYS.

⇨ Izenpe, S. A.

⇨ Lleida.net

⇨ Logalty Servicios de Tercero de Confianza, S. L.

⇨ Ministerio de Defensa de España.

⇨   Prestador de Servicios de Confianza MIYSS.

⇨   REGISTRADORES DE ESPAÑA.

⇨   SIA.

⇨   Signaturit.

⇨   SIGNE Autoridad de Certificación.

⇨   UANATACA.

⇨   vinCAsing.

4.   La firma digital

4.1.   Introducción

Una **firma** es, según la Real Academia de la Lengua Española (RAE), "el rasgo o conjunto de rasgos, realizados siempre de la misma manera, que identifican a una persona y sustituyen a su nombre y apellidos para aprobar o dar autenticidad a un documento".

La **firma digital** se refiere a una serie de métodos criptográficos que permiten garantizar que el documento es el original y no ha sido alterado, asociándolo con la persona o equipo que emite el documento. Puede asegurar también la integridad del mismo.

La **firma electrónica** es de naturaleza eminentemente legal, ya que da a la firma un marco normativo que otorga validez jurídica.

La firma electrónica solo puede realizarse con la clave privada. Siendo la firma electrónica un concepto más amplio que el de firma digital.

La normativa europea que regula la firma electrónica es el Reglamento 910/2014, de 23 de junio, relativo a la identificación electrónica y los servicios de confianza para las transacciones electrónicas en el mercado interior, que en su artículo 3 define la firma electrónica como "los datos en formato electrónico anejos a otros datos electrónicos o asociados de manera lógica con ellos que utiliza el firmante para firmar".

 Una firma electrónica o digital tiene el mismo objetivo que una firma manual.

4.2. Funciones

a) **Identificar** de manera inequívoca al autor.

b) **Garantizar la integridad** de un documento firmado, asegurando que el documento es el mismo que el original y no ha sufrido manipulación.

c) **Garantizar la confidencialidad** de la comunicación. Asegurando que el documento solo es legible para el destinatario y para el emisor.

d) **Garantizar el no repudio** del documento firmado, ya que la firma recoge los datos del firmante y del documento, y estos son únicos.

Para que la firma electrónica o la digital sean reconocidas deben cumplir dos **requisitos**:

1. Estar basados en un certificado digital reconocido.

2. El certificado debe haber sido reconocido por el Ministerio al que se dirige o presenta el documento y estar listado en su página web.

4.3. Proceso

1. **Identificar el documento**. El usuario identificará el documento empleando su certificado electrónico.

2. **Resumir el documento**. La aplicación o dispositivo realiza un resumen del documento. Este resumen es único y cualquier modificación del documento supone una modificación del resumen.

3. **Codificar el resumen**. La aplicación, usando la clave privada, realiza una codificación del resumen del documento.

4. **Creación de la firma electrónica**. La aplicación o dispositivo crea un nuevo documento con el resumen codificado. Esta es la firma electrónica.

Comprobar la validez de la firma

La validez de la firma digital no solo interesa a las relaciones de particulares y empresas con las Administraciones Públicas, sino también a relaciones entre empresas y particulares. Así, nos encontramos con una gran casuística en la que queremos comprobar si la firma que acompaña al documento es válida o no y, para ello, tenemos un recurso facilitado por la Administración que es VALIDe.

Para ello, lo que debemos hacer es simplemente copiar la firma que queremos comprobar y pegarla en el apartado de visualizar firma.

Existen diferentes aplicaciones de firma:

⇨ **AutoFirma**: es una aplicación desarrollada por el entonces Ministerio de Hacienda y Administraciones Públicas que se basa en el lenguaje de programación Java que facilita la firma de un documento de manera muy sencilla. El usuario solo indica el fichero que quiere firmar y la aplicación escoge de modo automático el formato de firma necesario. De este modo, el firmante despeja cualquier tipo de duda técnica.

⇨ **EcoFirma**: la gran diferencia de esta aplicación es que permite generar y validar firmas electrónicas en formato XML y XAdES. Esto significa que cumple con los requisitos europeos para la firma electrónica reconocida y que los documentos pueden seguir siendo válidos durante largos periodos de tiempo.

⇨ **@Firma**: también es una aplicación basada en el lenguaje Java que puede ser instalada en cualquier sistema operativo. Además, permite la firma múltiple mediante la cofirma y la contrafirma.

5. PKI o sistemas de clave pública

El significado del acrónimo PKI es *Public Key Infrastructure* (Infraestructura de Clave Pública). Se trata de la forma común de referirse a un sistema complejo necesario para la gestión de certificados digitales y aplicaciones de la firma digital. Es decir, es el conjunto de cosas necesarias de hardware, software, políticas y procedimientos de seguridad que hacen posible y con garantías las comunicaciones mediante el uso de los certificados digitales y firmas digitales.

Así se logran los cuatro objetivos de seguridad informática:

1. Autenticidad.

2. Confidencialidad.

3. Integridad.

4. No repudio.

Los elementos fundamentales que componen una PKI son:

a) **(CA) La Autoridad de Certificación** *(Certificate Authority)*. Es la parte fundamental del sistema, ya que es la que otorga la confianza en la PKI. Está compuesta por elementos humanos, hardware y software. Es la que se encarga de emitir y revocar los certificados digitales.

b) **(RA) La Autoridad de Registro** *(Registration Authority).* Es la responsable de controlar la emisión y revocación de los certificados y quien da legitimidad a la relación de una clave pública con la identidad del usuario.

c) **(VA) La Autoridad de Validación** *(Validation Authority)*. Su misión es comprobar la validez de los certificados digitales.

d) **Repositorios**. La Autoridad de Depósito es la que se encarga del almacenamiento de los certificados digitales emitidos, los revocados y aquellos que por algún motivo han dejado de ser válidos.

e) **(TSA) La Autoridad de Sellado de Tiempo.** Tiene como misión la de firmar los documentos para garantizar la fecha y hora de realización de cualquier operación o transacción por medios electrónicos. A través de la emisión de un sello de tiempo sobre un documento, se genera una evidencia que determina la existencia de ese documento en un instante determinado.

f) **Entidad final**. Es el usuario del certificado digital.

g) **Autoridad de custodia**. Es la entidad responsable de almacenar y mantener seguras las claves de encriptación generadas por las Autoridades de Registro para poder restaurarlas si fuera necesario.

h) **Publicación de certificados**. Es un requisito legal que permite un acceso total y es un repositorio de certificados que permite a los usuarios operar entre sí.

 Existen muchos más componentes adicionales, y cada uno de estos elementos es un sistema complejo en sí mismo. Algunos de ellos pueden ser:

▶ **Soporte de la Clave Privada**. Es el hardware que soporta y custodia la clave privada de los usuarios.

▶ **Aplicaciones** *PKI-Enabled*. Son las aplicaciones de software que son capaces de operar con certificados digitales. Estas son las aplicaciones que dan el valor real de la PKI de cara al usuario.

▶ **Políticas de Certificación**. Son las bases, criterios y procedimientos operativos que rigen el funcionamiento de la PKI y determinan los compromisos existentes entre la Autoridad Certificadora y los usuarios finales. Esta documentación tiene un carácter técnico y legal.

6. Certificado de la FNMT

6.1. Introducción

El origen de la Fábrica Nacional de Moneda y Timbre se remonta a 1580, año en el que Felipe II decide que se construyera la primera Casa de la Moneda mecanizada de España.

El nuevo sistema **producía monedas de manera mecanizada** por un sistema de laminación y acuñación a través de mecanismos movidos de manera hidráulica.

En 1893 se fusiona con la Casa del Sello convirtiéndose en ese momento en la Fábrica Nacional de Moneda y Timbre **(FNMT-RCM).**

Con el desarrollo social y los cambios en las relaciones con la Administración y entre los particulares, va evolucionando y añadiendo funciones como:

- **La emisión de billetes de papel**.

- Posteriormente el **papel de seguridad**.

- Más adelante el **pasaporte y del Documento Nacional de Identidad**.

- Y a partir de los años 90 del siglo pasado, con el desarrollo de las nuevas tecnologías y del comercio electrónico y sus consecuentes necesidades de seguridad, llegamos a la **fabricación de tarjetas inteligentes y certificados digitales**.

A día de hoy podemos definir a la Fábrica Nacional de Moneda y Timbre-Real Casa de la Moneda como una **Entidad Pública Empresarial y medio propio de la Administración General del Estado** cuyos servicios están dirigidos a la fabricación de papel de seguridad, documentos de identificación, pasaportes, entradas de espectáculos, la acuñación de monedas circuladas y de colección, el desarrollo y la fabricación de tarjetas inteligentes y certificados digitales y los servicios de implantación y desarrollo integral de sistemas nacionales de identificación.

6.2. Certificados electrónicos suministrados por la FNMT-RCM

Como prestador de servicios de certificación, la FNMT-RCM tiene a disposición de los ciudadanos y entidades los distintos tipos de certificados que permiten la realización de trámites online de modo seguro, ya que identifican a los intervinientes en dichos trámites.

⇨ Certificado de persona física.

⇨ Certificado de representante de persona jurídica:

  ▶ Representante para administradores únicos y solidarios.

▶ Representante de persona jurídica.

▶ Certificado de representante entidad sin personalidad jurídica.

⇨ Certificado AP (Administración Pública).

⇨ Certificados de componente:

▶ Certificados de servidor SSL/TLS, wildcard y SAN multidominio.

▶ Certificado de sello de entidad.

▶ Certificados de sede y sello para la Administración Pública.

⇨ Certificado software.

⇨ Certificado de tarjeta.

6.3. ¿Dónde podemos utilizar los certificados electrónicos suministrados por la FNMT-RCM?

6.3.1. Administración Central del Estado

- Banco de España.

- Boletín Oficial del Estado.

- Catastro.

- Centro Para el Desarrollo Tecnológico Industrial.

- Comisionado para el Mercado de Tabacos.

- Comisión Nacional del Mercado de Valores.

- Comisión Nacional de los Mercados y de la Competencia.

- Consejo de Seguridad Nuclear.

- Dirección General de Transporte Terrestre.

- Dirección General de la Guardia Civil.

- Dirección General del Catastro.

- Fondo Español de Garantía Agraria.

- Instituto Español de Comercio Exterior.

- Instituto Nacional de Estadística.

- Instituto de Contabilidad y Auditoría de Cuentas.

- Instituto de Crédito Oficial.

- Loterías y Apuestas del Estado.

- Ministerio de Agricultura, Pesca y Alimentación.

- Ministerio de Asuntos Exteriores, Unión Europea y Cooperación.

- Ministerio de Defensa.

- Ministerio de Asuntos Económicos y Transformación Digital.

- Ministerio de Educación y Formación Profesional.

- Ministerio de Trabajo y Economía Social.

- Ministerio de Transportes, Movilidad y Agenda Urbana.

- Ministerio de Hacienda y Función Pública.

- Ministerio de Industria, Comercio y Turismo.

- Ministerio de Justicia.

- Ministerio de Sanidad.

- Ministerio de Consumo.

- Ministerio de la Presidencia, Relaciones con las Cortes y Memoria Democrática.

- Ministerio del Interior.

- Ministerio de Política Territorial.

- Ministerio para la Transición Ecológica y el Reto Demográfico.

- Ministerio de Cultura y Deporte.

- Ministerio de Derechos Sociales y Agenda 2030.

- Ministerio de Ciencia e Innovación.

- Ministerio de Igualdad.

- Ministerio de Inclusión, Seguridad Social y Migraciones.

- Ministerio de Universidades.

- Oficina Española de Patentes y Marcas.

- Red.es.

- RENFE.

- Seguridad Social.

- Tesoro Público.

6.3.2. Administración Local

- Ayuntamiento de A Coruña.

- Ayuntamiento de Adeje.

- Ayuntamiento de Alaior.

- Ayuntamiento de Albacete.

- Ayuntamiento de Aljaraque.

- Ayuntamiento de Almería.

- Ayuntamiento de Arona.

- Ayuntamiento de Badajoz.

- Ayuntamiento de Calviá.

- Ayuntamiento de Catarroja.

- Ayuntamiento de Cáceres.

- Ayuntamiento de Cádiz.

- Ayuntamiento de Córdoba.

- Ayuntamiento de Dos Hermanas.

- Ayuntamiento de El Ejido.

- Ayuntamiento de Fuengirola.

- Ayuntamiento de Granada.

- Ayuntamiento de Granadilla de Abona.

- Ayuntamiento de Huelva.
- Ayuntamiento de Jaén.
- Ayuntamiento de Jerez de la Frontera.
- Ayuntamiento de Laredo.
- Ayuntamiento de Leganés.
- Ayuntamiento de Lorca.
- Ayuntamiento de Madrid.
- Ayuntamiento de Mijas.
- Ayuntamiento de Málaga.
- Ayuntamiento de Mérida.
- Ayuntamiento de Palma de Mallorca.
- Ayuntamiento de Pinto.
- Ayuntamiento de Plasencia.
- Ayuntamiento de Quart de Poblet.
- Ayuntamiento de Roquetas de Mar.
- Ayuntamiento de San Sebastián de los Reyes.
- Ayuntamiento de Sevilla.
- Ayuntamiento de Siero.
- Ayuntamiento de Torrelavega.
- Ayuntamiento de Utebo.
- Ayuntamiento de Utrera.
- Ayuntamiento de Yecla.
- Ayuntamiento de Zaragoza.
- Ayuntamiento del Puerto de Santa María.
- Cabildo Insular de Lanzarote.
- Consell d'Elvissa.

- Diputación Provincial de A Coruña.

- Diputación Provincial de Albacete.

- Diputación Provincial de Almería.

- Diputación Provincial de Badajoz.

- Diputación Provincial de Cáceres.

- Diputación Provincial de Cádiz.

- Diputación Provincial de Córdoba.

- Diputación Provincial de Granada.

- Diputación Provincial de Huelva.

- Diputación Provincial de Jaén.

- Diputación Provincial de Málaga.

- Diputación Provincial de Ourense.

- Diputación Provincial de Sevilla.

6.3.3. Administración Autonómica

- Ciudad Autónoma de Ceuta.

- Ciudad Autónoma de Melilla.

- Comunidad de Madrid.

- Gobierno de Aragón.

- Gobierno de Canarias.

- Gobierno de Cantabria.

- Gobierno de Navarra.

- Gobierno de la Rioja.

- Junta de Andalucía.

- Junta de Comunidades de Castilla-La Mancha.

- Junta de Extremadura.

- Xunta de Galicia.

6.3.4. Otros

- Colegio Oficial de Aparejadores y Arquitectos Técnicos de Almería.
- Colegio Oficial de Aparejadores y Arquitectos Técnicos de Cádiz.
- Colegio Oficial de Aparejadores y Arquitectos Técnicos de Granada.
- Colegio Oficial de Aparejadores y Arquitectos Técnicos de Huelva.
- Colegio Oficial de Aparejadores y Arquitectos Técnicos de Málaga.
- Colegio Oficial de Aparejadores y Arquitectos Técnicos de Sevilla.
- Conferencia de Rectores de las Universidades Españolas.
- Congreso de los Diputados.
- Consejo General de Colegios Oficiales de Peritos e Ingenieros Técnicos Industriales.
- Consejo General de Procuradores.
- Consejo General del Poder Judicial.
- Correos y Telégrafos, S. A.
- Cámara de Cuentas de Andalucía.
- Defensor del Pueblo.
- Dirección General de Tráfico.
- Endesa.
- FENIE.
- Fundación Tripartita para la Formación en el Empleo.
- Grupo Santander (Santander Investment Services).
- Iberdrola.
- Ilustre Colegio de Farmacéuticos de Sevilla.
- Ilustre Colegio de Ingenieros Aeronáuticos.
- Ilustre Colegio de Ingenieros Industriales de Madrid.
- Ilustre Colegio de Registradores de la Propiedad y Mercantiles de España.

- Indra Sistemas.

- Mapfre.

- Paradores Nacionales de Turismo.

- Parlamento de Andalucía.

- SegurosBroker.

- Suma. Gestión Tributaria–Diputación de Alicante.

- Universidad Carlos III.

- Universidad Nacional de Educación a Distancia.

- Universidad Pablo de Olavide.

- Universidad Politécnica de Madrid.

- Universidad de Almería.

- Universidad de Cádiz.

- Universidad de Córdoba.

- Universidad de Granada.

- Universidad de Huelva.

- Universidad de Jaén.

- Universidad de Murcia.

- Universidad de Málaga.

- Universidad de Sevilla.

- Universidad de Zaragoza.

Además de los certificados digitales, CERES, organismo dependiente de la Fábrica Nacional de Moneda y Timbre ofrece el siguiente catálogo de servicios:

⇨ Revocación online y revocación mediante plataforma telefónica.

⇨ Servicio de plataforma telefónica en las cuatro lenguas oficiales del Estado.

⇨ Verificación del estado del certificado digital propio por medio de la web.

⇨ Registro de usuarios.

⇨ Servicio de verificación de la validez de los certificados electrónicos.

⇨ Servicio de sellado de tiempo cualificado.

⇨ Certificados de servidor SSL (estándar, wildcard y multidominio), sello de entidad, sede electrónica, sello electrónico.

⇨ Registro de eventos significativos relacionados con su propia actividad y la de los usuarios del sistema.

⇨ Publicación de políticas y normas técnicas, y de información administrativa relacionada con los servicios ofrecidos.

En esta unidad hemos visto que la seguridad en Internet es muy importante, ya que la aparición de esta nueva tecnología ha dado lugar a nueva delincuencia, la **ciberdelincuencia**.

Los principales delitos que se cometen son:

▶ Suplantación de identidad.

▶ Venta de datos personales.

▶ Daños de la información para causar perjuicios a empresas.

▶ Robos de información de empresas y particulares para usarse de manera fraudulenta.

▶ Ataques a sistemas o equipos.

▶ Sustracción de dinero.

Los principales métodos que utilizan los delincuentes son:

• *Phishing* y *pharming*.

• *Botnets.*

• *Reshipping.*

• Fraudes de afiliación.

• Triangulación.

• Suplantación de personalidad.

• *Clean fraud.*

Los principales mecanismos que mejoran la seguridad en Internet son:

⇨ Comprobar URL segura. Https.

⇨ Usar dispositivos personales.

⇨ Acceder directamente desde el navegador.

⇨ No usar nunca enlaces de acceso.

⇨ Mantener actualizado el navegador.

⇨ Tener instalado y actualizado un antivirus.

⇨ No almacenar contraseñas en el equipo.

⇨ Cerrar siempre las sesiones.

Un certificado digital es una herramienta que permite garantizar, técnica y legalmente, la identidad de una persona en Internet, y que consiste en un conjunto de datos que se incorporan al navegador del usuario.

Tipos de certificados:

▶ Certificado de persona física.

▶ Certificado de representante de persona jurídica.

▶ Certificados AP (Administración Pública).

▶ Certificados de componente.

▶ Certificado software.

▶ Certificado de tarjeta.

La **firma digital** es una serie de métodos criptográficos que permiten garantizar que el documento es el original y no ha sido alterado, asociándolo con la persona o equipo que emite el documento. Puede asegurar también la integridad del mismo.

La **firma electrónica** es de naturaleza eminentemente legal, ya que da a la firma un marco normativo que otorga validez jurídica.

PKI es el conjunto de cosas necesarias de hardware, software, políticas y procedimientos de seguridad que hacen posible y con garantías las comunicaciones mediante el uso de los certificados y firmas digitales.

Los objetivos de la seguridad informática:

• Autenticidad.

• Confidencialidad.

• Integridad.

• No repudio.

Como prestador de servicios de certificación, la Fábrica Nacional de Moneda y Timbre - Real Casa de la Moneda (**FNMT-RCM**) **tiene a disposición de los ciudadanos y entidades los distintos tipos de certificados que permiten la realización de trámites online de modo seguro**, ya que identifican a los intervinientes en dichos trámites y dichos certificados son admitidos por la Administración General del Estado, gran parte de la Administración Autonómica y de la Local, así como de entidades privadas.

Los mecanismos técnicos que garantizan la seguridad en las transacciones son:

⇨ Encriptación.

⇨ Firma digital.

⇨ Certificado de Calidad.

Los criterios de análisis, establecidos por INCIBE, para determinar qué garantiza cada certificado son:

► La protección de datos personales.

► La seguridad de la información.

► La confidencialidad en las comunicaciones.

► La protección de colectivos específicos:

• Identificación.

• Transacciones.

• Acceso.

• Publicidad.

► La resolución extrajudicial de conflictos.

► La transparencia.

► Y la revisión continua.

UNIDAD DIDÁCTICA 3

Servicios online de las administraciones

Contenido & Objetivos

Introducción

1. Servicios online de la Administración Local

2. Servicios online de la Administración Autonómica

3. Servicios online de la Agencia Tributaria

4. Seguridad Social: Sistema RED

5. Comunicación online de la contratación laboral

6. Cajeros ciudadanos

7. Ayuntamiento (ejemplo)

8. Moverse por los menús

Los **objetivos** de esta unidad son:

1. Identificar trámites administrativos que se pueden realizar a través de Internet en el ámbito de la Administración General del Estado.

2. Conocer los trámites administrativos que se pueden realizar a través de Internet en el ámbito Local.

3. Conocer los trámites administrativos que se pueden realizar a través de Internet en el ámbito Autonómico.

4. Conocer los trámites administrativos que se pueden realizar a través de la web de la Agencia Tributaria.

5. Conocer los trámites administrativos que se pueden realizar a través del Sistema RED.

6. Conocer los trámites administrativos que se pueden realizar a través del sistema Contrat@.

7. Conocer qué es un cajero ciudadano e identificar los servicios que ofrece.

Introducción

Con la finalidad de flexibilizar, facilitar, agilizar y economizar la gestión de los trámites que la ciudadanía tiene que realizar con las Administraciones Públicas, estas han ido desarrollando distintas páginas web donde realizarlos.

Así, podemos decir que la mayor parte de nuestra relación con la Administración se puede realizar de manera telemática. Así, podemos decir que la mayor parte de nuestra relación con la Administración se puede realizar de manera telemática, ya sea a través de certificados digitales o de otras herramientas de acreditación que tienen las distintas Administraciones. Ya sea a través de certificados digitales o de otras herramientas de acreditación, que tienen las distintas Administraciones.

Esto tiene una doble vertiente de ventajas. Por un lado, la Administración evita la gestión documental en papel con el consiguiente ahorro de costes y tiempo, favoreciendo la agilidad, rapidez y, por tanto, obtenido ventajas para los usuarios: ahorro de colas, desplazamientos y, por supuesto, rapidez en la resolución de los trámites.

1. Servicios online de la Administración local

1.1. Administración electrónica y sede electrónica

Antes de nada es importante aclarar las diferencias entre:

- **Administración electrónica**. Podemos entender la Administración electrónica como el conjunto de software, hardware y procedimientos que las Administraciones ponen a disposición de los ciudadanos y las empresas para poder relacionarse con ella. Sería una oficina de la Administración donde podemos conocer y relacionarnos con ella porque presenta contenidos informativos, campañas e, incluso, algunos trámites en los que no se necesita autenticación. Pero que en principio no está diseñada para hacer una presentación de documentos autenticada.

- **Sede electrónica**. Pero para realizar trámites autenticados debemos entrar en una Sede electrónica, que entendemos como un punto de acceso seguro donde los usuarios pueden acceder a los trámites y la información que permite la misma, garantizando la integridad y veracidad de la información y de la documentación durante los 365 días del año y las 24 horas del día.

  La Ley 40/2015, de 1 de octubre, la define como *"aquella dirección electrónica, disponible para los ciudadanos a través de redes de telecomunicaciones, cuya titularidad corresponde a una Administración Pública, o bien a una o varios organismos públicos o entidades de Derecho Público en el ejercicio de sus competencias"*.

Las diferencias que podemos encontrar entre una Sede electrónica y una Administración electrónica, en este caso, una web municipal, los podemos resumir en tres apartados:

1. La legislación que regula cada plataforma.

2. El contenido que incluyen.

3. El nivel de seguridad.

1.2. Derechos de los ciudadanos

La Ley 39/2015, de 1 de octubre, reconoce a las personas físicas el derecho a elegir si se comunican con las Administraciones Públicas, para el ejercicio de sus derechos y obligaciones, a través de medios electrónicos o no, con la posibilidad de modificar el medio elegido en cualquier momento. No obstante, se encuentran obligados a relacionarse a través de medios electrónicos con las Administraciones Públicas los siguientes sujetos:

a) Las personas jurídicas.

b) Las entidades sin personalidad jurídica.

c) Quienes ejerzan una actividad profesional para la que se requiera colegiación obligatoria, para los trámites y actuaciones que realicen con las Administraciones Públicas en ejercicio de dicha actividad profesional. En todo caso, dentro de este colectivo se entenderán incluidos los notarios y registradores de la propiedad y mercantiles.

d) Quienes representen a un interesado que esté obligado a relacionarse electrónicamente con la Administración.

e) Los empleados de las Administraciones Públicas para los trámites y actuaciones que realicen con ellas por razón de su condición de empleado público, en la forma en que se determine reglamentariamente por cada Administración.

Por otro lado, quienes tienen capacidad de obrar ante las Administraciones Públicas son titulares de una serie de derechos, entre los que se encuentran los siguientes:

⇨ A comunicarse con las Administraciones Públicas a través de un Punto de Acceso General electrónico de la Administración.

⇨ A ser asistidos en el uso de medios electrónicos en sus relaciones con las Administraciones Públicas.

⇨ Al acceso a la información pública, archivos y registros, de acuerdo con lo previsto en la Ley 19/2013, de 9 de diciembre, de transparencia, acceso a la información pública y buen gobierno y el resto del Ordenamiento Jurídico.

⇨ A la obtención y utilización de los medios de identificación y firma electrónica contemplados en esta Ley.

⇨ A la protección de datos de carácter personal, y en particular a la seguridad y confidencialidad de los datos que figuren en los ficheros, sistemas y aplicaciones de las Administraciones Públicas.

1.3. Legislación que regula cada plataforma

Por imperativo legal, **toda Administración Pública tiene que disponer de una sede electrónica con garantías legales** *("las sedes electrónicas utilizarán, para identificarse y garantizar una comunicación segura con las mismas, certificados reconocidos o cualificados de autenticación de sitio web o medio equivalente")* y crear una ordenanza donde indique la dirección web a la que responde, el contenido que incluirá y su responsabilidad.

En cambio, una página web municipal no tiene esta obligación de utilizar certificados reconocidos o cualificados, aunque sí está sujeta por otras leyes que ha de cumplir (protección de datos, ley de cookies, etc.).

1.4. Contenido que incluyen

La Sede electrónica de una Administración Pública tiene que disponer, de manera obligatoria, de una **ordenanza reguladora que determina su contenido**. Habitualmente, lo que destaca y suele incluir es la información "administrativa y burocrática" de:

▶ El tablón de anuncios.

▶ Las ofertas de empleo público.

▶ Las actas y los acuerdos de órganos de gobierno.

▶ Las subvenciones.

Toda esta información tiene que estar publicada con todas las garantías legales de su fecha de publicación y su integridad. Esto se logra mediante certificados digitales de firma y sellados de tiempo. Se podrá validar y verificar su publicación y su alteración de contenido si lo hubiese.

En una Sede electrónica, los ciudadanos pueden realizar trámites online con la Administración, identificarse mediante sistemas de identificación válidos y seguros, así como disponer de enlaces a otros portales relevantes como el perfil del contratante, portal de transparencia y, por supuesto, el portal municipal.

El portal municipal, o página web del municipio, normalmente está dotado de un contenido más dinámico y vivaz que la Sede electrónica. Suele disponer en portada de varios *banners* (imágenes publicitarias) para destacar novedades, eventos o enlaces de interés. La estructura de la información o su menú principal suele incluir:

- El ayuntamiento.

- La ciudad.

- Cultura.

- Turismo.

- Entre otras posibilidades y enlaces.

Pero el contenido que más se destaca en portada son las noticias y eventos que han sucedido y la agenda prevista para los próximos eventos. Todo ello muy visual, con imágenes y enlaces a las principales redes sociales para su interacción y comunicación con los ciudadanos.

1.5. El nivel de seguridad

La Sede electrónica tiene que disponer (por ley) de un entorno seguro de navegación, es decir, tiene que cumplir con los estándares de seguridad del Esquema Nacional de Seguridad (ENS) y su dirección web veremos que empieza por "https". Esto certifica al titular del portal a través de una entidad certificadora y que las comunicaciones, así como el intercambio de datos, son seguros. Además de la seguridad, el uso de los certificados también permite que si se usan con el contenido a publicar se pueda verificar y validar su contenido.

Una web municipal también puede disponer de una navegación segura, de hecho muchas de ellas la tienen, ya que mejora su posicionamiento y la confianza de los ciudadanos, pero no tiene obligación legal de tenerla.

Normalmente, en la Sede electrónica de cualquier ayuntamiento, además de poder acceder a todas las noticias y agenda, encontramos gran número de trámites que podemos realizar de forma segura:

⇨ Solicitud de Tarjeta Ciudadana.

⇨ Pin y clave de operaciones.

⇨ Comprobación del navegador.

⇨ Registro electrónico, presentación de documentación y otros trámites personales.

⇨ Notificación electrónica, firma electrónica y comprobación de documentación.

⇨ Registro electrónico de apoderamientos.

⇨ Registro electrónico de facturas.

⇨ Reclamaciones, sugerencias y agradecimientos.

⇨ Becas, ayudas y premios.

2. Servicios online de Administración autonómica

2.1. Introducción

Todas las páginas web autonómicas ponen a disposición del usuario una Sede electrónica donde realizar los trámites, tanto para los ciudadanos como para las empresas, y cuyo contenido es:

▶ Servicios y trámites.

▶ Ofertas de empleo público.

▶ Perfil del contratante.

▶ Tablón de anuncios.

▶ Tu área personal.

▶ Información.

▶ Utilidades.

▶ Consultar: fecha y hora.

Además, disponen de un Área personal, que es el apartado dentro de la web en el que, una vez estamos acreditados, podemos acceder para hacer un seguimiento tanto de los trámites que hemos iniciado y están sin resolver, como de los trámites resueltos y toda su tramitación.

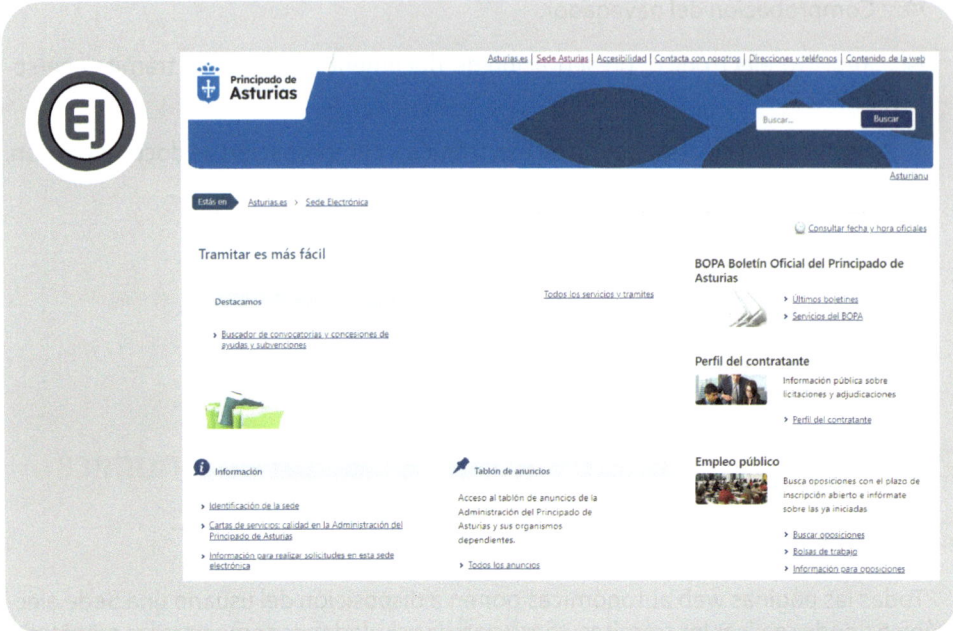

2.2. ENS (Esquema Nacional de Seguridad)

Las medidas de seguridad en las comunicaciones a través de la web y de la Sede electrónica cumplen con los estándares exigidos por la normativa española que regula el **ENS (Esquema Nacional de Seguridad)**, que marca diferentes niveles de seguridad en función de la información que se trate.

El objeto del ENS viene recogido en el artículo 156 de la Ley 40/2015, de Régimen Jurídico de las Administraciones Públicas, donde dice que:

> *"tiene por objeto establecer la política de seguridad en la utilización de medios electrónicos en el ámbito de la presente Ley, y está constituido por los principios básicos y requisitos mínimos que garanticen adecuadamente la seguridad de la información tratada".*

Establece los requerimientos técnicos, materiales y humanos necesarios para crear unas condiciones de confianza en el empleo de medios electrónicos que garanticen la seguridad de los sistemas, los datos, las comunicaciones y los servicios electrónicos, que son la base de las Administraciones electrónicas.

Los **principios básicos del ENS** son:

⇨ La seguridad integral.

⇨ La gestión de riesgos.

⇨ Prevención, reacción y recuperación.

⇨ Reevaluación periódica.

⇨ La seguridad como función diferenciadora.

⇨ Organización e implantación del proceso de seguridad.

También son necesarios unos **requisitos mínimos**:

⇨ Análisis y gestión de los riesgos.

⇨ Gestión de personal.

⇨ Profesionalidad.

⇨ Autorización y control de accesos.

⇨ Protección de las instalaciones.

⇨ Adquisición de productos.

⇨ Seguridad por defecto.

⇨ Integridad y actualización del sistema.

⇨ Protección de la información almacenada y en tránsito.

⇨ Prevención ante otros sistemas de información interconectados.

⇨ Registro de actividad.

⇨ Incidentes de seguridad.

⇨ Continuidad de la actividad.

⇨ Mejora continua del proceso de seguridad.

2.3. Registro electrónico

El acceso al Registro se realiza a través de las fichas de servicio que están disponibles en la Sede electrónica. Todos los servicios que presta la Administración tienen sus propias fichas, en las que figura el formulario específico de dicho servicio.

Una vez confirmada la presentación, el sistema emite, de modo automático, un recibo en el que figuran:

⇨ Datos de la solicitud.

⇨ Fecha y hora de presentación.

⇨ Número de entrada en el Registro.

Del mismo modo, cada vez que se aportan documentos a la solicitud, el Registro también genera un recibo en el que se acredita la aportación de la documentación y que garantiza su integridad y el no repudio de dicha documentación.

 Dentro de la información al ciudadano están a disposición del mismo, en la web, las cartas de servicios. Dichas cartas son los documentos en los que cada órgano comunica a los ciudadanos qué servicios presta y los compromisos de calidad que asume, así como los derechos que por la prestación de dichos servicios tiene el ciudadano.

3. Servicios online de la Agencia Tributaria

3.1. Introducción

En toda nación hay una parte de su estructura organizativa que tiene por objetivo el aplicar y controlar el sistema tributario. En España, después de varias organizaciones diferentes, se creó **la Agencia Estatal de Administración Tributaria (AEAT)** en 1990, que no entró en funcionamiento hasta 1992. Se trata de un ente de Derecho Público encuadrado en la Administración General del Estado y, más concretamente, en el Ministerio de Hacienda. Aun así, cuenta con un régimen jurídico propio diferente al que regula el funcionamiento de la Administración General del Estado, lo que le otorga autonomía para la gestión presupuestaria y de personal.

La **función principal** de la Agencia Tributaria es la de velar por el cumplimiento constitucional, según el cual todas las personas físicas y jurídicas deben **contribuir al sostenimiento de la Hacienda Pública de acuerdo con sus capacidades económicas**.

Art. 128.1 de la Constitución española: *"Toda la riqueza del país en sus distintas formas y sea cual fuere su titularidad está subordinada al interés general."*

Otras funciones

▶ Gestión, inspección y recaudación de los impuestos competencia del Estado (IVA, IRPF, Impuesto de Sociedades, Impuesto sobre la Renta de No Residentes e Impuestos Especiales).

▶ Recaudación de los impuestos relacionados con la Unión Europea.

▶ Gestión aduanera y lucha contra el contrabando.

▶ Colaboración en la persecución de delitos de índole tributaria y contrabando.

▶ Coordinación con las distintas Administraciones Autonómicas sobre aquellos impuestos de titularidad estatal en cuya regulación participan las Comunidades y ciudades autónomas.

3.2. Tipos de acceso a la Sede electrónica de la Agencia Tributaria

Como siempre que accedemos a una Sede electrónica, tenemos que estar identificados. Una vez identificados podemos elegir entre distintos tipos de acreditación.

• **Certificado o DNI electrónico**

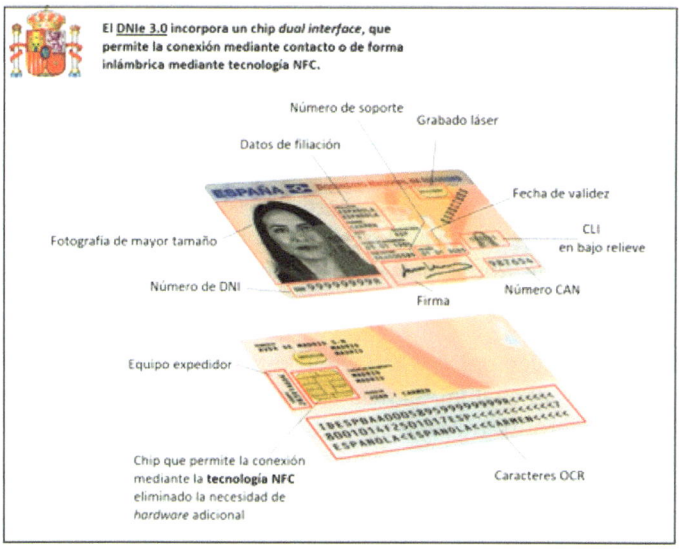

https://www.dnielectronico.es/PortalDNIe/

71

- **Cl@ve PIN**

  Se trata de un sistema de identificación que solo es utilizable por personas físicas y que se basa en la utilización de una clave que facilita el sistema y que el usuario puede cambiar. De hecho, la primera clave facilitada por el sistema tiene una validez de 24 horas durante las cuales es obligatorio sustituirla por una nueva.

  Además de la clave, después hay que introducir un PIN que nos comunica el sistema a través de un SMS.

  Como en el caso de los certificados electrónicos, la Cl@ve PIN requiere un registro previo.

  Su objetivo es unificar y simplificar la accesibilidad de los ciudadanos evitando el uso de diferentes claves para diferentes servicios.

  Además, existe la previsión de que en el futuro se unan al sistema mecanismos de identificación de otros países de la Unión Europea. Esto nos permitiría una identificación a nivel internacional.

- **Número de referencia**

  Esta modalidad de identificación solo está habilitada para el Impuesto de la Renta de las Personas Físicas (IRPF).

  Dependiendo del año de la campaña de Renta, el sistema nos solicita un importe de una casilla de la declaración del año anterior, además de la fecha de expedición/validez del DNI. A continuación, el sistema nos envía un SMS con el número de referencia que podemos utilizar.

  El número de referencia está vigente desde que se solicita (dando acceso a todas las campañas desde el ejercicio 2015 hasta su generación) hasta el inicio de la campaña de Renta del ejercicio siguiente, o hasta que se solicita uno nuevo, que invalida el anterior.

  Se obtiene a través del servicio **REN**, que es un sistema de acceso a través de Internet por el cual la Agencia Tributaria comunica el número de referencia. Este nos permite trabajar con la declaración de IRPF, tramitar el borrador, obtener los datos fiscales y, sin salir de REN, podremos acceder a "Renta Web", introduciendo el número de referencia.

- **CSV (Clave Segura de Verificación):** tiene menos acceso a trámites pero nos permite, entre otros, los siguientes trámites:

  ⇨ Registrarnos en el Sistema Cl@ve.

  ⇨ Cotejo de documentos.

  ⇨ Solicitud de cita previa.

3.3. Página web de la Agencia Tributaria

Una vez entramos en **la página de la Agencia Tributaria (https://sede.agenciatributaria.gob.es/)**, nos encontramos con una imagen como la siguiente:

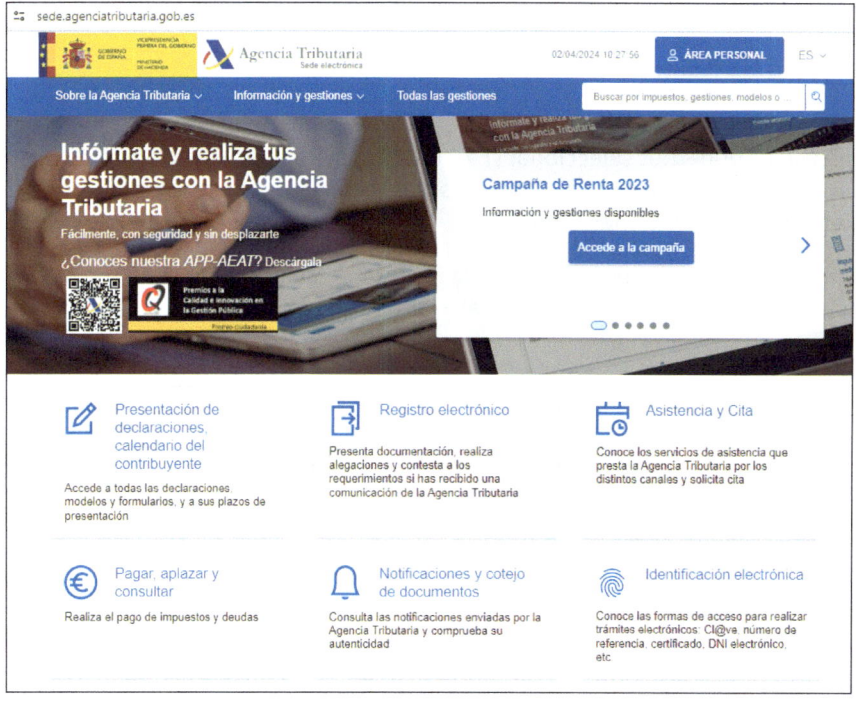

Desde el sitio web de la Agencia Tributaria podemos acceder al Registro electrónico.

Desde aquí podemos seleccionar si accedemos al Registro electrónico de documentación de la Agencia Tributaria, como es nuestro caso, o al registro de documentos para otras Administraciones Públicas.

Una vez en el registro de la Agencia Tributaria, seleccionaremos si accedemos a todas las gestiones y solo a aquellas para las que es necesario código seguro de verificación.

Si accedemos a Todas las gestiones podemos consultar el domicilio fiscal, los datos de recaudación, reclamaciones, impuestos, etc.

3.4. Pago a través de la red

Una de las mayores ventajas que ha supuesto la revolución electrónica es la generación de la documentación online y la posibilidad del pago también desde los equipos de los contribuyentes.

Para la realización de un pago a través de la red, lo primero es obtener un número NRC (Número de Referencia Completo). Se trata de un número que genera la entidad financiera que gestiona el pago y que identifica el ingreso tributario.

Existen dos modalidades de pago online:

⇨ **Cargo en cuenta:** en el caso de realizar el pago mediante cargo en cuenta, se puede hacer en cualquiera de los tres supuestos:

▶ Certificado electrónico.

▶ DNI electrónico.

▶ Estar registrado en el sistema de identificación.

75

⇨ **Cargo en tarjeta:** en caso de realizar el pago mediante el pago con tarjeta se podrá hacer con:

▶ Certificado electrónico.

▶ DNI electrónico.

 Para pagar un impuesto, confeccionamos nuestra autoliquidación del impuesto, dentro de la Sede electrónica, hacemos clic en "Pago de impuestos", a continuación, "Autoliquidaciones" y elegimos la forma de pago (cargo en cuenta o tarjeta).

4. Seguridad Social: Sistema RED

4.1. Introducción

La Tesorería General de la Seguridad Social ofrece a través de Internet un servicio a empresas y profesionales con el objetivo de facilitar el intercambio de información y documentos entre la TGSS y las empresas y profesionales. De hecho, el Sistema RED es el acrónimo de Sistema de Remisión Electrónica de Datos, donde queda muy clara su utilidad y su objetivo.

A través del Sistema RED se facilita un medio de comunicación directo que permite remitir vía telemática los documentos de cotización, afiliación y partes médicos. Del mismo modo, permite recibir, también de manera telemática, la confirmación de la presentación de la documentación.

Además de la agilidad y facilidad en las comunicaciones entre las empresas y profesionales con la TGSS, este **sistema de liquidación directa de las cotizaciones** a la Seguridad Social ha supuesto un cambio radical en la relación de la Tesorería con las empresas, ya que ha pasado del modelo anterior, en el que las empresas realizaban una autoliquidación de las cotizaciones sociales, a un modelo de facturación a cargo de la Seguridad Social.

El sistema de liquidación directa de cotizaciones a la Seguridad Social es el modelo de atención personalizado y multicanal a través del cual se relacionan la Tesorería General de la Seguridad Social y las empresas para el pago de las correspondientes cotizaciones sociales.

4.2. Ventajas del Sistema RED

• **Elimina las gestiones administrativas en papel**, que permite realizar desde la propia empresa, con el consiguiente ahorro de precio.

- **Total disponibilidad del servicio**. Está operativo los 365 días del año y las 24 horas del día.

- **La TGSS nos da una respuesta inmediata**. Garantizamos así que las operaciones han sido realizadas correctamente.

- La documentación enviada a través de este sistema no tiene que ser presentada a otras entidades.

- La TGSS nos comunicará las últimas modificaciones que nos afecten y otra información de nuestro interés.

- **Garantiza la seguridad y la privacidad**, ya que exige el uso de un certificado digital.

4.3. Acceso al Sistema RED

El Sistema obliga a utilizar un certificado electrónico y a estar debidamente autorizado. Para ello es necesario presentar un formulario de solicitud de autorización acompañado de:

⇨ Fotocopia de DNI.

⇨ Documento que acredite la representación de la persona jurídica o la persona física.

⇨ Si la autorización es de tipo colegiado, certificado del profesional colegiado ejerciente.

⇨ Solicitud de asignación del CCC's/NAF's.

Hay varios tipos de autorizaciones al Sistema RED:

▶ **Autorización en nombre propio.** Es aquella que se pide cuando solo se van a gestionar CCC's o NAF's con un NIF coincidente con el NIF de la autorización.

▶ **Autorización en nombre de otros.** Es aquel que se pide cuando se van a gestionar CCC's o NAF's con un NIF coincidente con el NIF de la autorización. La autorización en nombre de otros tiene, a su vez, dos tipos de autorizaciones:

- **Colegiado**. Es el caso en el que la persona física o jurídica a la que se le da este tipo de autorización es un profesional que ejerce alguno de los siguientes cargos: graduado social, gestor administrativo, abogado, economista, titulados mercantiles y empresariales, propiedad inmobiliaria, agentes tributarios, agentes de seguros, administradores de fincas urbanas, ingenieros técnicos o industriales, procuradores y registradores de la propiedad.

- **Tercero**. Es el caso en el que se gestionan códigos de cuenta con un NIF diferente al NIF de la autorización sin cumplir las condiciones requeridas para solicitar la autorización del tipo profesional colegiado.

Cuando la solicitud de autorización es concedida se envía al autorizado transcurridos unos días.

Una vez tenemos nuestro certificado electrónico y nuestra autorización, debemos disponer de la aplicación **SILTRA**. Esta es una aplicación de escritorio multiplataforma desarrollada en entorno Java que permite el intercambio de ficheros de cotización (XML), afiliación e INSS entre el usuario y la TGSS mediante certificado digital, en el Sistema de Liquidación Directa.

4.4. Ámbitos de la actuación del Sistema RED

⇨ **Afiliación**

  ▶ Altas.

  ▶ Bajas.

  ▶ Variaciones de datos de trabajadores.

  ▶ Consultas.

  ▶ Petición de informes relativos a trabajadores y empresas.

⇨ **Cotización**

  ▶ Presentación de documentos.

  ▶ Tramitación de saldos acreedores.

  ▶ Ingreso de las cuotas mediante domiciliación en cuenta o pago electrónico.

⇨ **Tramitación**

  ▶ Partes de alta y baja médica de accidentes de trabajo y enfermedades profesionales.

  ▶ Partes de confirmación.

 Además, el Sistema ofrece un servicio de apoyo poniendo a disposición de sus usuarios un sistema de atención telefónica a través de un teléfono que da servicio a nivel nacional con un horario ininterrumpido de 9 de la mañana hasta las 7 de la tarde.

4.5. Sistema RED Directo

Dentro del estudio del Sistema RED es conveniente que conozcamos la existencia del Sistema RED Directo.

El Sistema RED Directo es un servicio que la Tesorería pone al servicio de las pequeñas empresas (aquellas que tienen 15 o menos trabajadores) a través de su página web.

Su finalidad es análoga a la del Sistema RED normal, **eliminar las gestiones administrativas en papel para así facilitar la realización de las gestiones de las empresas con la Tesorería**, evitando desplazamientos y colas.

En este caso, la presentación de los documentos de cotización se realiza con los datos de afiliación que ya obran en poder de la TGSS, con la consiguiente eliminación de errores.

Al igual que con el Sistema RED, podemos trabajar con certificado electrónico, pero además podremos hacerlo con DNI electrónico. Eso sí, el acceso al Sistema será por caminos diferentes.

Si utilizamos un certificado digital, accedemos a RED Directo a través de la página web www.seg-social.es y desde el icono "Sistema RED On Line", en "Accesos de interés".

En el caso de utilizar un DNI electrónico, accedemos a RED Directo a través de la dirección: https://www.seg-social.es/wps/portal/wss/internet/InformacionUtil/5300/1861/3349

Utilizando este Sistema RED Directo la comunicación entre el usuario y la TGSS se realiza a través de mensajes que el usuario recibe en un buzón personal al que se conecta cuando entra en el Sistema.

Los ámbitos de actuación del Sistema RED Directo son los mismos que en Sistema RED ordinario en el área de afiliación y de cotización, pero no así en el de tramitación puesto que, además de tener las mismas funcionalidades, se permite el envío de partes médicos de bajas, altas y confirmación, independientemente de si dichas contingencias están protegidas por el INSS o por una Mutua.

Los partes enviados a través de RED Directo, que estén aceptados y validados por el INSS, evitan a las empresas el tener que realizar la presentación en papel ante los CAISS (Centro de Atención e Información de la Seguridad Social) o ante la Dirección Provincial del INSS.

5. Comunicación online de la contratación laboral

5.1. Introducción

El Sistema Contrat@ es una aplicación facilitada por el Servicio Público de Empleo (SEPE).

La web facilita la comunicación de los contratos online. Permite a las empresas y empresarios que actúan en nombre propio, así como las empresas y profesionales colegiados que actúan en representación de terceros, comunicar el contenido de la contratación laboral a los Servicios Públicos de Empleo desde su propio despacho o sede profesional.

El sistema nos permite comunicar los **datos de contratos, copias básicas, prórrogas, llamamientos de fijos discontinuos** y **pactos de horas complementarias**, y puede hacerse por cualquiera de las tres opciones disponibles: **a través de la comunicación de datos, a través del envío de ficheros XML** o **a través de servicios web**.

La utilización de este servicio requiere disponer de una autorización de los Servicios Públicos de Empleo. Para ello se debe cumplimentar una **solicitud de autorización** y presentarla con la documentación precisa en dichos Servicios Públicos. Una vez concedida la autorización, se podrá acceder a **Contrat@** bien con Certificado Digital o DNI electrónico o con el identificador de la empresa y la clave personal que se asignó al realizar la solicitud.

5.2. Contrato de trabajo

Un **contrato de trabajo** es un acuerdo entre una empresa y un trabajador en el que adquieren mutuas obligaciones. El primero se obliga a satisfacer una retribución por la obligación a que se obliga el segundo, el prestar determinados servicios por cuenta de la empresa y bajo su dirección.

Elementos fundamentales de un contrato:

⇨ Las partes intervinientes, con sus nombres, apellidos, direcciones y documentos identificativos (DNI, NIE, NIF).

⇨ Fecha de inicio y duración.

⇨ Descripción de la categoría o grupo profesional del puesto.

⇨ Salario y complementos salariales.

⇨ Jornada laboral, duración y distribución.

⇨ Plazos que las partes deben cumplir para poder finalizar el contrato.

⇨ Convenio colectivo de aplicación.

⇨ ¿Quién puede firmar un contrato de trabajo?

⇨ Los mayores de 18 años.

⇨ Los menores de 18 años legalmente emancipados.

⇨ Los mayores de 16 años y menores de 18 con autorización de los padres o de quien los tenga a su cargo.

⇨ Los extranjeros de acuerdo con la legislación que les sea aplicable.

Todo contrato de trabajo otorga una serie de **derechos para el trabajador que se convierten en obligaciones para el empresario**. De igual modo, los derechos que tiene la empresa se convierten en obligaciones para el trabajador.

▶ **El empresario contrae obligaciones con:**

⇨ **El trabajador:** cuando la relación laboral sea de duración superior a cuatro semanas, el empresario deberá informar por escrito al trabajador sobre los elementos esenciales del contrato y principales condiciones de ejecución de la prestación laboral, siempre que tales elementos y condiciones no figuren en el contrato de trabajo formalizado por escrito.

⇨ **Los representantes legales de los trabajadores:** también deberá entregar a los representantes legales de los trabajadores una copia básica de los contratos formalizados por escrito (con excepción de los contratos de relaciones especiales de alta dirección, para los que es suficiente la notificación), así como las prórrogas de dichos contratos y las denuncias de los mismos, teniendo para ello el mismo plazo de 10 días. La copia básica contendrá todos los datos del contrato a excepción del número del DNI, domicilio, estado civil y cualquier otro dato que pueda afectar a la identidad personal del interesado. Posteriormente, dicha copia básica se enviará al Servicio Público de Empleo Estatal.

Cuando no exista representación legal de los trabajadores, también deberá formalizarse copia básica y remitirse al Servicio Público de Empleo Estatal.

⇨ **El Servicio Público de Empleo Estatal:** los empresarios están obligados a comunicar al Servicio Público de Empleo Estatal en el plazo de los 10 días siguientes a su concertación, y en los términos que reglamentariamente se determinen, el contenido de los contratos de trabajo que celebren o las prórrogas de los mismos.

▶ **Derechos del trabajador** (obligaciones de la empresa):

⇨ A la ocupación efectiva durante la jornada de trabajo.

⇨ A la promoción y formación en el trabajo.

⇨ A no ser discriminados para acceder a un puesto de trabajo.

⇨ A la integridad física y a la intimidad.

⇨ A percibir puntualmente la remuneración pactada.

⇨ Lo que se establezca en el contrato de trabajo.

⇨ A que su contrato sea comunicado al Servicio Público de Empleo Estatal.

▶ **Deberes del trabajador** (derechos de la empresa):

⇨ Cumplir las obligaciones concretas del puesto de trabajo conforme a los principios de la buena fe y diligencia.

⇨ Cumplir las medidas de seguridad e higiene que se adopten.

⇨ Cumplir las órdenes e instrucciones del empresario en el ejercicio de su función directiva.

⇨ No realizar la misma actividad que la empresa en competencia con ella.

⇨ Contribuir a mejorar la productividad.

⇨ Los demás que se establezcan en el contrato de trabajo.

El contrato de trabajo puede **formalizarse tanto por escrito como de manera oral.** No obstante, es obligatorio por escrito cuando así esté exigido por una disposición legal y en los siguientes contratos:

⇨ Contrato de formación.

⇨ Contrato para la realización de una obra o servicio determinado.

⇨ Contrato a tiempo parcial, fijo discontinuo y de relevo.

⇨ Contrato a distancia.

⇨ Contratos de trabajadores contratados en España al servicio de empresas españolas en el extranjero.

⇨ Contratos por tiempo determinado, cuya duración sea superior a cuatro semanas.

 En cualquier caso, cualquiera de las partes puede exigir que el contrato se celebre por escrito, en cualquier momento del transcurso de la relación laboral.

5.3. Autorización administrativa

Antes de iniciar cualquier trabajo con el sistema Contrat@, la empresa o el profesional que actúa en representación de un tercero, debe solicitar una **autorización administrativa** a través de la aplicación. Para ello, antes tiene que tener instalado un certificado digital en su navegador.

En caso de tratarse de profesional que actúa en representación de un tercero, también debe dar de alta a las empresas clientes antes de iniciar la comunicación.

Para que le sea concedida la autorización debe presentar la documentación acreditativa en soporte físico con la solicitud firmada y sellada en la oficina del Servicio Público de Empleo Estatal en los 30 días posteriores a la solicitud.

Una vez que ha sido concedida la autorización, se recibe un correo electrónico en la dirección indicada en la solicitud.

A partir de ese momento se puede iniciar el trabajo en el sistema:

1.   Seleccionamos en "Empresas".

2. Desde aquí se accede a los servicios para empresas:

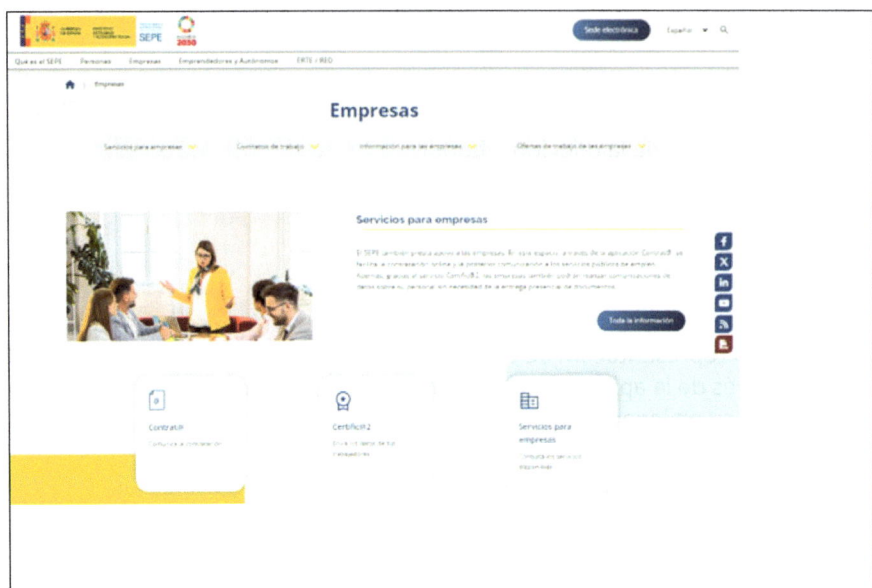

3. Desde donde se puede acceder a Contrat@:

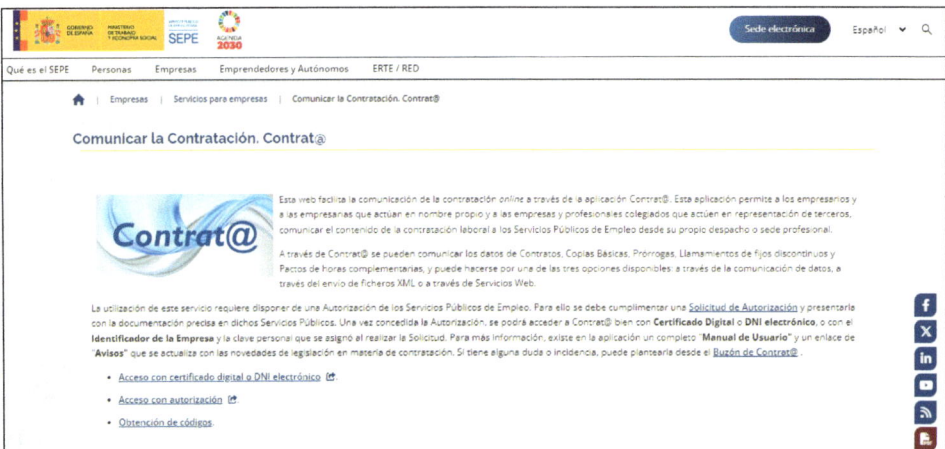

4. Y al resto de servicios:

Tratándose de una aplicación pensada para profesionales y empresas, es fácil entender que muchas empresas funcionan de manera conjunta. Es decir, la empresa para obtener una mayor agilidad y facilidad de funcionamiento divide su actividad en diferentes centros de trabajo con números de cotización diferentes e incluso en empresas diferentes según la actividad dentro del conjunto, dando lugar a un grupo de empresas.

En todos estos casos, la gestión administrativa de las diferentes empresas o centros de trabajo se realiza desde una central o dirección. Así pues, es clara la necesidad de contar, además de un usuario principal, con tantos usuarios asociados como pueda ser necesario. Esta necesidad es más clara cuando la autorización se refiere a un profesional colegiado que actúa en nombre de terceros, ya que en un despacho profesional no solo trabaja el titular, también suele tener empleados que realizan todo tipo de tareas administrativas.

5.4. Requisitos del sistema

Como cualquier aplicación informática, requiere unos equipos e instalaciones mínimas para su funcionamiento. Evidentemente, debemos contar con un ordenador personal, impresora y acceso a Internet además de los siguientes requisitos:

85

⇨ Acrobat Reader 11.0 o superior.

⇨ Configuración del navegador preparado para operar con HTML 2.0, HTTP 1.1/ HTTPS (SSL 3.0).

⇨ Configuración del navegador preparado para aceptar cookies de la aplicación, ya que estas son utilizadas para mantener las sesiones.

⇨ La IP de salida ha de ser fija, ya que identifica al usuario.

⇨ Una aplicación de descompresión de ficheros .zip y .rar. Ya que la contestación a comunicaciones XML se realiza a través de ficheros comprimidos en ese formato.

5.5. Usos del sistema Contrat@

El uso del sistema Contrat@ lo podemos dividir en tres apartados: comunicación de la contratación y de la copia básica y seguimiento de las comunicaciones.

5.5.1. Comunicación de la contratación

Antes de la comunicación de cualquier contrato, ya sea de forma múltiple a través de las opciones "A través de comunicación" o "A través de documento PDF", ya sea de manera individualizada, "A través de envío de ficheros" o "Servicios WEB", los documentos que se vayan a comunicar (ya sean contratos de trabajo, prórrogas, modificaciones), han de estar firmados por las partes intervinientes, la empresa, el trabajador y los representantes del mismo en el caso de ser menor de edad.

Los apartados más destacables de esta parte de la aplicación son:

▶ **Contrato**

En este apartado, el usuario puede comunicar la contratación. También, se puede obtener información sobre los tipos de contratos y sobre las leyes de bonificación de contratos en vigor.

Para la **selección de un contrato,** primero se ha de seleccionar entre:

• Indefinido a tiempo completo.

• Indefinido a tiempo parcial.

• Fijo discontinuo.

• Temporal a tiempo completo.

• Temporal a tiempo parcial.

• Formación y aprendizaje.

Una vez hecho esto, se rellenan los contenidos requeridos en:

- Datos de la empresa que contrata.

- Datos del trabajador.

- Datos del contrato.

- Otros datos del contrato.

Una vez hemos finalizado, se nos ofrece la opción de presentar la **copia básica**, donde se mostrará una copia de los datos del contrato comunicado, en la cual estarán suprimidos los datos personales del trabajador.

Al finalizar, se ofrece la opción de "Obtener el Documento en Formato PDF", donde podemos obtener una copia de la comunicación con la huella electrónica.

▶ **Prórroga**

En este apartado se realizan las comunicaciones de prórrogas de contratos.

Podemos identificar el contrato que queremos prorrogar mediante un número **Identificador del Contrato**. De este modo, nos abre una pantalla en la que aparece el contrato y todas las modificaciones, variaciones y prórrogas que haya tenido.

O también, podemos indicar el NIF del trabajador y el CIF de la empresa y nos aparecerán todos los contratos que han tenido entre sí.

Llegados a este punto, nos solicita la fecha de fin de la prórroga y pulsamos aceptar. Nos aparecerá una pantalla en la que nos marca los errores que pueda haber. De haberlos, hay que rectificarlos.

Al finalizar se ofrece la opción de "Ver documento", donde podemos obtener una copia de la comunicación con la huella electrónica.

▶ **Transformación a indefinido**

En este apartado se realizan las comunicaciones de transformación de contratos eventuales a indefinidos.

Del mismo modo que en las prórrogas, podemos acceder de dos modos al contrato que queremos transformar: mediante el identificador del contrato o mediante el NIF del trabajador y el CIF de la empresa.

Una vez hemos identificado el contrato, aceptamos la transformación y ya está comunicado. En este caso, la copia con su huella digital no tiene una opción inmediata como en los dos supuestos anteriores, sino que hay que acceder a través de "Consulta e Impresión de Transformación".

▶ **Horas complementarias**

En este apartado se realizan las comunicaciones de horas complementarias.

Conviene saber que las horas complementarias son: "las realizadas como adición a las horas ordinarias pactadas en el contrato a tiempo parcial", según establece el art. 12.5 del Estatuto de los Trabajadores.

De igual modo que en los casos anteriores, podemos acceder de los dos modos que conocemos al contrato de trabajo al que le queremos comunicar las horas complementarias. Una vez dentro de la opción y del contrato, tendremos que indicar el número de horas que se van a realizar y el porcentaje que dichas horas supone.

En este caso, como en el anterior, si deseamos una copia en PDF debemos acceder a través de "Consulta e Impresión de Horas Complementarias".

▶ **Correcciones**

En este apartado se realizan las comunicaciones de las correcciones sobre los posibles errores cometidos en las comunicaciones.

Dichos errores se pueden referir a:

• Corrección de datos de contratos.

• Corrección del trabajador en un contrato.

• Corrección de datos de prórroga.

• Corrección de datos de transformaciones.

• Corrección de datos de llamamientos.

• Corrección de datos de trabajador en llamamiento.

• Corrección de datos de horas complementarias.

• Corrección de datos de trabajadores de grupo.

En estos supuestos, una vez confirmadas las correcciones llegamos a la opción "Obtener el Documento en Formato PDF", donde lo podemos conseguir con su correspondiente huella electrónica.

▶ **Subrogación**

En este apartado se realizan las comunicaciones de las subrogaciones de trabajadores.

Previamente, la empresa ha de tener cumplimentada y presentada la "Declaración de Subrogación de Empresa".

Se pueden realizar las subrogaciones de contrato y de llamamiento, así como las anulaciones de subrogación de contrato y de llamamiento.

Una vez aceptada la comunicación, podemos obtener una copia de la comunicación con la huella electrónica.

5.5.2. Comunicación de la copia básica

En el caso de no haber realizado la comunicación de la copia básica al finalizar el proceso de comunicación del contrato, el sistema nos permite hacerlo posteriormente.

Pero no solo nos permite la comunicación de la copia básica, también nos permite consultar las distintas comunicaciones realizadas sobre un trabajador en el caso de realizar la búsqueda "por el identificador del trabajador" o las distintas comunicaciones realizadas por una empresa en el caso de realizar la búsqueda "por el identificador de la empresa". Como última opción podemos acceder a realizar la comunicación de la copia básica a través del "Identificador de la Comunicación".

En todos los casos, una vez finalizada la comunicación, podemos obtener un documento en PDF con su correspondiente huella digital.

5.5.3. Seguimiento de las comunicaciones:

En este apartado, el usuario puede consultar e imprimir las comunicaciones realizadas y también puede consultar y realizar un seguimiento de los ficheros enviados.

El esquema de las consultas que nos permite el sistema es:

▶ Consulta e impresión de comunicaciones.

    ⇨ Consultas en impresión de contratos.

        • Consulta por identificador del trabajador.

        • Consulta por identificador de la empresa.

        • Consulta por identificador de la comunicación.

    ⇨ Consulta e impresión de prórrogas.

    ⇨ Consulta e impresión de transformaciones.

    ⇨ Consulta e impresión de llamamientos.

        • Consulta por identificador del trabajador.

        • Consulta por identificador de la empresa.

⇨   Consulta e impresión de horas complementarias.

⇨   Consulta e impresión de copia básica.

- Consulta de copia básica de contratos iniciales.

- Consulta de copia básica de transformaciones.

⇨   Consulta de comunicaciones por empresa autorizada.

▶ Consulta y seguimiento de envío de ficheros.

▶ Consulta de corrección de datos.

⇨   Consulta de corrección de contratos.

⇨   Consulta de corrección de prórrogas.

⇨   Consulta de corrección de transformaciones.

⇨   Consulta de corrección de llamamientos.

⇨   Consulta de corrección de horas complementarias.

En todos estos casos, el propio nombre de la opción nos indica claramente el tipo de consulta que podemos realizar y, una vez dentro, e indicado el contrato, la copia, la transformación o el documento del que se trate, el sistema muestra la casilla de "Ver el documento".

6. Cajeros municipales

6.1. Tarjetas municipales

Algunos ayuntamientos han empezado a utilizar dos tipos de mecanismos para acceder a servicios ciudadanos. La mayor parte de ellos iniciaron el acercamiento de sus servicios a los ciudadanos imitando a las entidades bancarias, esto es, implementando el uso de tarjetas con banda magnética y/o chip electrónico para distintos usos municipales e incluso supramunicipales.

El primer uso, y más generalizado, de las **tarjetas municipales** es para el pago de transporte urbano o metropolitano.

En otros municipios con más implantación de servicios electrónicos, se han ido añadiendo distintas funcionalidades para otros servicios municipales como acceso a instalaciones deportivas, bibliotecas, etc.

Estas tarjetas pueden ser recargadas a través de los cajeros automáticos de los bancos colaboradores del ayuntamiento. Funcionan como tarjetas monedero.

INICIO   LA CIUDAD   EL AYUNTAMIENTO   TRÁMITES   ÁREAS TEMÁTICAS

TARJETA CIUDADANA DE ALICANTE (TCA)

¿QUÉ ES LA TCA?

La Tarjeta Ciudadana de Alicante (TCA) es una **tarjeta que emite el Ayuntamiento de Alicante** que, además de poder ser utilizada en el transporte público, permite realizar ciertas gestiones municipales y hacer uso de determinados servicios como el aparcamiento en la Zona Naranja, las instalaciones deportivas municipales, el préstamo de libros en las bibliotecas, etc.

La TCA permite un Alicante más ágil, más fácil y más cercano:

- **Más ágil:** permite el acceso a los servicios de la Administración Electrónica
- **Más fácil:** unifica los medios de acceso a los servicios públicos
- **Más cercano:** simboliza la relación del ciudadano con su ciudad

CLASIFICACIÓN

NUEVAS TECNOLOGÍAS

Servicio: Servicio de Nuevas Tecnologías, Innovación e Informática
Última actualización: 01/02/2024

CONTENIDO RELACIONADO

Contenidos

o Transporte Alicante Metropolitano (TAM)
o Bibliotecas

Normativa Municipal

o Precio público por suminist...

6.2. Servicios de cajero ciudadano

Servicios de ventanilla única (precisan identificación con DNI electrónico o tarjeta municipal):

▶ Servicios de pago.

▶ Volantes de padrón y de datos censales.

Servicios de gestión de instalaciones y actividades deportivas y otras (no precisan identificación):

- Consulta, reserva y alquiler de las instalaciones deportivas.

- Asesoramiento para la realización del deporte.

- Información de interés sobre deporte y actividades recreativas.

- Información de las instalaciones deportivas.

- Contacto y sugerencias.

El sistema de cajeros ciudadanos permite cumplir con la mayor parte de las ventajas que la Administración electrónica ofrece a la ciudadanía, como son la **disponibilidad**, la **facilidad de acceso** y el **ahorro de tiempo**. También de las ventajas que ofrece al tiempo a la propia Administración, como es la optimización de costes de gestión y la eco-responsabilidad.

Uno de los ayuntamientos que más ha invertido en el acercamiento a la ciudadanía a través de cajeros ciudadanos ha sido Gijón ya que, desde la puesta en marcha del Plan Gijón @cerca en el año 2004, instaló 19 cajeros en distintos puntos de la ciudad. De modo que puede garantizar que más del 90% de la población tiene un cajero ciudadano a menos de 1.000 metros de su domicilio.

Otros municipios dotados de cajeros automáticos municipales son:

⇨   Barakaldo.

⇨   Avilés.

⇨   Azuqueca de Henares.

Existen otros organismos y entidades que han introducido cajeros para su acercamiento a los ciudadanos, como puede ser, entre otros, el **Punt Labora** de la Generalitat Valenciana.

7. Ayuntamiento (ejemplo)

Un ejemplo destacado entre el uso de las TICs y el ayuntamiento es el caso del municipio de Gijón.

El ayuntamiento de Gijón ha tomado conciencia desde hace años de la profunda huella que la sociedad de las TICs está dejando en nuestra sociedad y ha desarrollado una profunda inmersión en dichas tecnologías con el objetivo de desarrollar un canal de comunicación fácil con el ciudadano, con las siguientes características:

a)   Acercarse a los ciudadanos facilitando información, no solo desde los edificios municipales o telefónicamente, sino también desde los propios distritos.

b)   Mantener un horario lo suficientemente amplio para que todos los ciudadanos puedan ver satisfechas sus necesidades de comunicación y tramitación con el Ayuntamiento.

c)   Garantizar un servicio que evite desplazamientos innecesarios.

 Debido a estas características y a la cercanía que ha desarrollado con su ciudadanía, es un ejemplo a seguir por otros muchos ayuntamientos.

Podemos visitar la web del Ayuntamiento de Gijón en la siguiente dirección: **https://www.gijon.es/**

En su web, además de disponer de accesos directos a una gran cantidad de portales, tiene un asistente virtual que muestra los pasos a realizar de cara a realizar cualquier trámite. Son vídeos explicativos, vídeos informativos y acciones formativas, pero también asistencia telefónica y una asistencia remota vía Internet.

8. Moverse por los menús

 En informática se denomina **menú** al conjunto de opciones que se muestran para que un usuario pueda elegir entre diferentes alternativas para ejecutar funciones, realizar tareas, iniciar programas o ejecutar otras funciones. Sería como los mandos de cualquier aparato analógico. Cada menú puede contener otros menús o submenús más específicos.

En el caso de una página web, estas opciones se muestran a través de una interfaz como desplegables, botones o iconos.

Operar con un menú es muy sencillo. A menudo, las opciones disponibles se representan a través de un nombre o palabra que hace referencia a la función que cumplen. Pero, también, muchos menús se valen de iconos que suelen guardar una relación de semejanza o simbólica respecto de la posibilidad o alternativa que permiten. El usuario puede escoger entre las distintas opciones haciendo clic en una de ellas y, en general, puede volver atrás para seleccionar otra opción.

Como hemos ido viendo a lo largo de las distintas unidades, uno de los objetivos principales de los diferentes organismos de la Administración es facilitar los trámites y la interacción con los ciudadanos y, para ello, es fundamental que estos sean capaces de moverse con soltura y facilidad por las distintas páginas de su web. Por este motivo, las páginas y los menús han de ser claros y sencillos.

Aunque cada web utiliza un diseño diferente, podemos destacar dos coincidencias casi plenas. Por una parte, la ubicación de la Sede electrónica. Casi todos, si no todos, los organismos tienen, en su parte superior derecha, en la página de inicio, la ubicación de la Sede electrónica. De igual modo, los accesos a Mi Cuenta también aparecen en la parte superior derecha en casi todos los casos. Este apartado es el acceso para todos aquellos usuarios que se han registrado y que, una vez dentro, tienen a su alcance todos los trámites que han realizado con el organismo.

Por otra parte, todos los diseñadores de páginas web son conocedores de que el cerebro humano procesa mejor la información visual que la textual y, al mismo tiempo, que se tiende a seguir un patrón de observación con forma de F. Por todo ello, los menús más importantes aparecen en esa disposición de F.

No obstante, los diseñadores gráficos y los "gustos" de los responsables de cada ayuntamiento, Comunidad u organismo de las distintas Administraciones son diferentes y no hay una normativa que marque de manera obligatoria ni qué hacer, ni cómo hacerlo.

A continuación, vemos, a modo de ejemplo, la página del Ayuntamiento de Madrid, en la que encontramos los diferentes menús en la parte superior, incluido el acceso a la Sede electrónica, que aparece en primer lugar. También permanece siempre visible el asistente virtual para realizar las consultas que se necesiten.

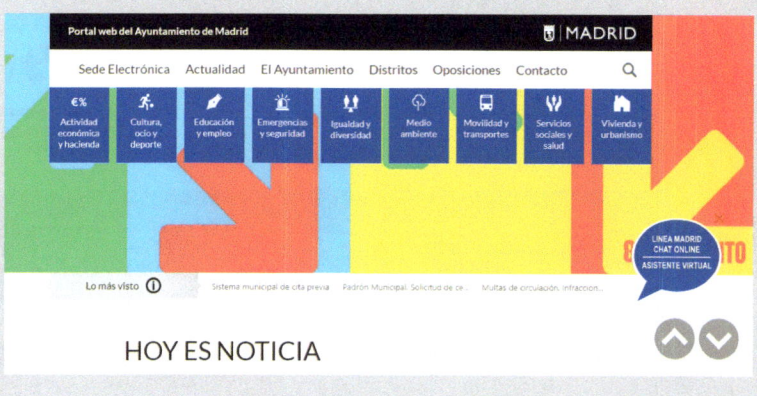

El pie de página de la web también se suele usar para mejorar la navegación del sitio.

Habitualmente se utiliza para poner enlaces importantes o que consideras que deben aparecer en todas las páginas de la web, por ejemplo información legal sobre tu empresa, direcciones de contacto, políticas de uso del sitio, etc.

Algunos organismos tienen un pie de página como tal, pero otros ponen justo encima del pie un resumen de los enlaces más empleados por los usuarios, para así darles una mayor facilidad.

A modo de ejemplo, vemos la parte inferior de la página web de la Agencia Tributaria, formada por algunos botones de acceso a diferentes tipos de información, y por el pie de página, con los avisos de seguridad y legales, la política lingüística y de protección de datos, la estructura y navegación en la sede electrónica, el menú de ayuda, los enlaces de interés, etc.

Aquí vamos a realizar una pequeña pausa para conocer qué es RSS. Se trata de recibir la información actualizada de las páginas web que nos interesan sin necesidad de tener que visitarlas una a una. Se necesita tener un lector RSS y darse de alta en el servicio. La información se actualiza automáticamente. De esta forma y en el ejemplo que nos ocupa, toda aquella publicación que realice la Agencia Tributaria en su página nos llega en tiempo real a nuestro ordenador sin tener que ir a buscarla a la web.

Otro tipo de acceso a los distintos sitios y contenidos de las web son los menús desplegables. En este caso, en vez de un botón con la identificación del asunto, tema o enlace que podemos pulsar nos encontramos con un menú que, una vez hacemos clic en uno de sus apartados, despliega, a su vez, un nuevo menú con las opciones que se tienen dentro.

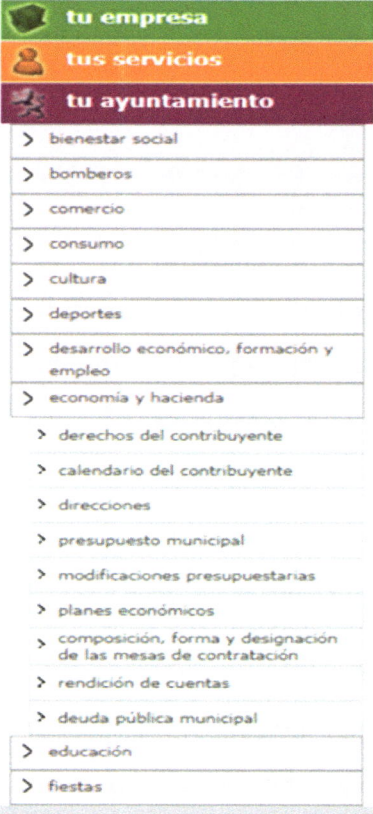

El objetivo que llevó a la Unión Europea a impulsar la administración electrónica tiene dos vertientes:

- El *lado del ciudadano*, con las ventajas de:
  ⇨ Seguridad.
  ⇨ Comodidad.
  ⇨ Facilidad.
  ⇨ Accesibilidad.
  ⇨ Cercanía.
  ⇨ Ahorro.
  ⇨ Sostenibilidad.

- Mientras que por el **lado de las Administraciones** están:
  ⇨ El ahorro.
  ⇨ La sostenibilidad.
  ⇨ La seguridad.
  ⇨ Y la interacción entre distintas Administraciones.

El contenido de una Sede electrónica es la información administrativa y burocrática:

▶ El tablón de anuncios.

▶ Las ofertas de empleo público.

▶ Las actas y los acuerdos de órganos de gobierno.

▶ Las subvenciones.

▶ Etc.

El portal municipal normalmente está dotado con un contenido más dinámico y vivaz, para destacar novedades, eventos y enlaces.

Para realizar cualquier trámite en la Sede electrónica de la Agencia Tributaria tenemos que estar identificados y acceder con alguno de los siguientes tipos de acreditación:

- Certificado o DNI electrónico

- Cl@ve pin

- Número de referencia

- CSV (Clave Segura de Verificación)

El Sistema de Remisión Electrónica de Datos (**RED**) es el sistema que facilita la Tesorería General de la Seguridad Social para intercambiar datos con los ciudadanos, empresas y profesionales acreditados para la presentación de los documentos de cotización, afiliación y partes médicos.

Sistema Contrat@: permite a las empresas y empresarios que actúan en nombre propio, así como las empresas y profesionales colegiados que actúan en representación de terceros, comunicar el contenido de la contratación laboral a los Servicios Públicos de Empleo desde su propio despacho o sede profesional.

El sistema nos permite comunicar los datos de **contratos**, **copias básicas, prórrogas, llamamientos de fijos discontinuos** y **pactos de horas complementarias**.

Los **cajeros ciudadanos** son cajeros muy parecidos a los de los bancos pero diseñados para la tramitación de gestiones ciudadanas con el Ayuntamiento. Pueden ser utilizados a través de las tarjetas que emiten los propios Ayuntamientos y también pueden ser usados utilizando el DNI electrónico.

Permiten **realizar distintas gestiones municipales** en función de los Ayuntamientos.

TEST DE UNIDADES DIDÁCTICAS

Unidad 1

1. Determina si la siguiente afirmación es verdadera o falsa:

"PayPal es un método altamente inseguro de pago en Internet, porque los datos bancarios o de tarjetas de crédito que se le facilitan los comparte con el vendedor".

a) Verdadero.
b) Falso.

2. Identifica la afirmación correcta:

a) Safari es el primer navegador diseñado directamente para los sistemas operativos de código abierto.
b) Safari es el primer navegador diseñado directamente para los sistemas operativos de Apple.
c) Safari es el primer navegador diseñado directamente para los sistemas operativos de Microsoft.
d) Safari es la primera red social diseñada directamente para usuarios de Apple.

3. Determina si la siguiente afirmación es verdadera o falsa:

"ARPANET es el una empresa que, dentro de Internet, realiza labores de difusión de noticias en tiempo real y para que se pueda acceder a ellas en cualquier lugar".

a) Verdadero.
b) Falso.

4. Determina si la siguiente afirmación es verdadera o falsa:

"Cuando se dice que Internet es omnifuncional es porque puede conectar, distribuir, coleccionar datos de manera personal y actualizarse de modo inmediato".

a) Verdadero.
b) Falso.

5. Determina si la siguiente afirmación es verdadera o falsa:

"La moneda virtual es un tipo de dinero que ofrece las mayores garantías de pago por Internet ya que no está regulado por ninguna entidad monetaria ni nacional ni supra-nacional, ni tampoco por ninguna entidad de crédito".

a) Verdadero.
b) Falso.

6. Identifica la opción correcta:

a) Un blog, también llamado bitácora, es un sitio web en el que el autor escribe una especie de diario en el que habla de distintas temáticas que interesan a un público determinado que no puede hacer comentarios, preguntas e interacciones.

b) Un blog, también llamado bitácora, es un sitio web en el que el autor escribe una especie de diario en el que habla de distintas temáticas que interesan a un público determinado y pueden hacer comentarios, preguntas e interacciones.

c) Un blog, también llamado bitácora, es un sitio web en el que el autor escribe una especie de diario en el que habla de navegación y en el que el público puede hacer comentarios, preguntas e interacciones.

d) Un blog, es un sitio web en el que el autor escribe una novela que presenta capítulos de manera periódica como si de una serie se tratara.

7. Identifica la afirmación correcta:

a) El significado de las siglas URL es *Uniform Research Locator* o Localizador de investigación de recursos.

b) El significado de las siglas URL es *Uniform Resource Local* o Informe de recursos locales.

c) El significado de las siglas URL es *Union Resource Locator* o Localizador unificado de recursos.

d) El significado de las siglas URL es *Uniform Resource Locator* o Localizador uniforme de recursos.

8. Identifica la opción correcta:

a) Una red social puede ser considerada como tal si cumple con cuatro requisitos: ser una red de archivos, el usuario ha de tener un perfil, ha de permitir interactuar y ha de ofrecer interactuar (crear, compartir o participar).

b) Una red social puede ser considerada como tal si cumple con cuatro requisitos: ser una red de contactos, el usuario ha de tener un perfil, no permite y no se puede crear, compartir o participar.

c) Una red social puede ser considerada como tal si cumple con cuatro requisitos: ser una red de contactos, el usuario ha de tener un perfil, ha de permitir interactuar y ha de ofrecer interactuar (crear, compartir o participar).

d) Una red social puede ser considerada como tal siempre que así lo reconozca su política de privacidad.

9. **Identifica la afirmación correcta:**

    a) Banca online es una ventanilla en las oficinas de las entidades que se caracterizan por tener una línea en la que esperar a que te atiendan.
    b) Banca online es un portal o aplicación que el banco pone a disposición de sus clientes.
    c) Banca online es un banco comercial que opera en Reino Unido.
    d) Banca online es una aplicación que Amazon pone a disposición de sus clientes.

10. **Determina si la siguiente afirmación es verdadera o falsa:**

    "El resultado de una búsqueda en Internet es un listado de direcciones web en las cuales la palabra o grupos de palabras incluidos en la búsqueda están incluidas o mencionadas".

    a) Verdadero.
    b) Falso.

Unidad 2

1. Determina si la siguiente afirmación es verdadera o falsa:

"Una red de *bots*, o *botnet*, es una red de ordenadores que funcionan sin conocimiento de sus propietarios ya que han sido "secuestrados" por malware".

a) Verdadero.
b) Falso.

2. Determina si la siguiente afirmación es verdadera o falsa:

"La FNMT es una Autoridad de Certificación (CA) porque emite certificados".

a) Verdadero.
b) Falso.

3. Identifica la afirmación correcta:

a) Uno de los principales delitos que se cometen en Internet es la suplantación de identidad.
b) Uno de los principales delitos que se cometen en Internet es la venta de datos personales.
c) Uno de los principales delitos que se cometen en Internet es el ataque a sistemas o equipos.
d) Todas son correctas.

4. Identifica la afirmación correcta:

a) El *phishing* y el *pharming* son dos técnicas de venta de datos.
b) El *phishing* y el *pharming* son dos técnicas de encriptación de datos.
c) El *phishing* y el *pharming* son dos lenguajes de programación.
d) El *phishing* y el *pharming* son dos técnicas de robo de datos.

5. Determina si la siguiente afirmación es verdadera o falsa:

"El receptor de un documento firmado puede estar seguro que este documento es el original y no ha sido manipulado, y el autor de la firma electrónica no podrá negar la autoría de esta firma".

a) Verdadero.
b) Falso.

6. **Identifica la afirmación correcta:**

a) El *phishing* es una técnica de ingeniería social en la que haciéndose pasar por una empresa, nos obligan a introducir nuestros usuarios, clave y contraseña para poder utilizarlos con posterioridad realizando compras y disposiciones de efectivo.

b) El *phishing* es una técnica de ingeniería social en la que haciéndose pasar por una empresa de confianza, nos obligan a introducir nuestros usuarios, clave y contraseña para poder utilizarlos con posterioridad realizando compras y disposiciones de efectivo.

c) El *phishing* es una técnica de ingeniería social en la que haciéndose pasar por una empresa de confianza, nos entregan una clave y contraseña para poder utilizarlos con posterioridad realizando compras y disposiciones de efectivo.

d) El *phishing* es una técnica de programación informática en la que haciéndose pasar por una empresa de confianza, nos obligan a introducir nuestros usuarios, clave y contraseña para poder utilizarlos con posterioridad realizando compras y disposiciones de efectivo.

7. **Identifica la afirmación correcta:**

a) La banca y los comercios en línea no usan la encriptación de datos para evitar la sustracción y utilización por terceros de la información de sus clientes por tratarse de un método anticuado y carente de valor.

b) La banca y los comercios en línea usan la encriptación de datos para evitar que los clientes accedan a sus datos.

c) La banca y los comercios en línea usan la encriptación de datos para evitar la sustracción y utilización por terceros de la información de sus clientes.

d) La banca y los comercios en línea no usan la encriptación de datos para evitar la sustracción y utilización por terceros de la información de sus clientes porque no les importa ni la sustracción ni la utilización de los datos por terceros.

8. **Determina si la siguiente afirmación es verdadera o falsa:**

"Una contraseña es una técnica de autenticación que será tanto más segura cuanto más compleja sea la contraseña utilizada".

a) Verdadero.
b) Falso.

9. **Determina si la siguiente afirmación es verdadera o falsa:**

"Una Autoridad de Certificación es una tercera entidad de confianza que asegura que la clave pública se corresponde con los datos del titular".

a) Verdadero.
b) Falso.

10. **Identifica la afirmación correcta:**

a) Proceso de firma electrónica tiene cinco pasos: identificar el documento, resumir el documento, codificar el resumen, asociar el resumen al documento y creación de la firma electrónica.

b) Proceso de firma electrónica tiene tres pasos: identificar el documento, resumir el documento y codificar el resumen.

c) Proceso de firma electrónica tiene cuatro pasos: identificar el documento, resumir el documento, codificar el resumen, creación de la firma electrónica.

d) Proceso de firma electrónica no tiene pasos, es un proceso de un único paso: identificar el documento.

Unidad 3

1. Identifica la afirmación correcta:

a) El Sistema obliga a utilizar un certificado electrónico pero no obliga a estar debidamente autorizado.

b) El Sistema obliga a estar debidamente autorizado pero no a utilizar un certificado electrónico.

c) El Sistema obliga a utilizar un certificado electrónico y además obliga a estar debidamente autorizado.

d) El Sistema no obliga a utilizar un certificado electrónico y tampoco obliga a estar debidamente autorizado.

2. Identifica la afirmación correcta:

a) Una Sede electrónica es un punto de acceso seguro donde los usuarios pueden acceder a los trámites y la información que permite la misma, garantizando la integridad y veracidad de la información y de la documentación durante los 365 días del año y las 24 horas del día.

b) Una Sede electrónica es una ubicación en Internet donde una Administración muestra su organigrama y tiene a disposición de los ciudadanos documentos que pueden ser de su interés.

c) Una Sede electrónica es un trámite que cumple la Administración pero que solo sirve para comunicarse entre las distintas Administraciones.

d) Una Sede electrónica es un punto de acceso donde los usuarios pueden acceder a los trámites y la información que permite la misma, garantizando el acceso durante los 365 días del año y las 24 horas del día.

3. La Agencia Tributaria permite como identificación electrónica, dependiendo los trámites que deseemos realizar, los siguientes sistemas:

a) Certificado o DNI electrónico, Cl@ve, Número de referencia o CSV.

b) Solamente el certificado emitido por la FNMT.

c) El certificado y el DNI electrónico nada más.

d) Ninguna es correcta.

4. **Identifica la afirmación correcta:**

   a) Por imperativo legal toda Administración Pública tiene que disponer de una Sede electrónica sin garantías legales.
   b) Por imperativo legal toda Administración Pública tiene que disponer de una Sede electrónica con garantías legales.
   c) No existe ningún imperativo legal que obligue a ninguna Administración Pública a disponer de una Sede electrónica con garantías legales.
   d) Por imperativo legal toda Administración Pública tiene que disponer de una oficina electrónica dentro del edificio para que el usuario pueda convertir sus documentos físicos en electrónicos.

5. **El conjunto de software, hardware y procedimientos que las Administraciones ponen a disposición de los ciudadanos y las empresas para poder relacionarse con ellas es:**

   a) Campus online.
   b) Servicio telemático.
   c) Oficina virtual.
   d) Administración electrónica.

6. **Identifica la afirmación correcta:**

   a) El Sistema Contrat@ es una aplicación facilitada por la Tesorería General de las Seguridad Social (TGSS).
   b) El Sistema Contrat@ es una aplicación facilitada por la Agencia Tributaria (AEAT).
   c) El Sistema Contrat@ es una aplicación facilitada por el Servicio Público de Empleo Estatal (SEPE).
   d) El Sistema Contrat@ es una aplicación facilitada por la Fábrica Nacional de Moneda y Timbre (FNMT).

7. **Determina si la siguiente afirmación es verdadera o falsa:**

   "Contrat@ permite la comunicación de los datos de los contratos de trabajo a través de Internet, pero solo permite la comunicación de contratos eventuales".

   a) Verdadero.
   b) Falso.

8. **Identifica la afirmación correcta:**

a) El Esquema Nacional de Seguridad (ENS) tiene por objeto establecer la empresa que suministrará los medios electrónicos en el ámbito de las relaciones electrónicas de las Administraciones Públicas y los ciudadanos y las empresas y está constituido por los principios básicos y requisitos mínimos que garanticen adecuadamente la seguridad de la información tratada.

b) El Esquema Nacional de Seguridad (ENS) tiene por objeto establecer la política de publicidad en la utilización de medios electrónicos en el ámbito de las relaciones electrónicas de las Administraciones Públicas y los ciudadanos y las empresas y está constituido por los principios básicos y requisitos mínimos que garanticen adecuadamente la seguridad de la información tratada.

c) El Esquema Nacional de Seguridad (ENS) tiene por objeto establecer la política de seguridad en la utilización de medios electrónicos en el ámbito de las relaciones electrónicas de las Administraciones Públicas y los ciudadanos y las empresas y está constituido por los principios básicos y requisitos mínimos que no garanticen adecuadamente la seguridad de la información tratada.

d) El Esquema Nacional de Seguridad (ENS) no tiene ningún objeto establecido.

9. **Identifica la afirmación correcta:**

a) SILTRA es una aplicación de escritorio multiplataforma desarrollada en entorno Java que permite el intercambio de ficheros de contratación.

b) SILTRA es una aplicación de escritorio multiplataforma desarrollada en entorno Java que permite el intercambio de ficheros de facturación.

c) SILTRA es una aplicación de escritorio multiplataforma desarrollada en entorno Java que permite el intercambio de ficheros de colaboración entre Administraciones.

d) SILTRA es una aplicación de escritorio multiplataforma desarrollada en entorno Java que permite el intercambio de ficheros de cotización.

10. **Identifica la afirmación correcta:**

a) El Sistema RED Directo es la variación que tiene el Sistema RED para las comunicaciones durante el fin de semana.

b) El Sistema RED Directo no tiene ninguna diferencia con el Sistema RED.

c) El Sistema RED Directo es un servicio para pequeñas empresas (menos de 15 trabajadores).

d) El Sistema RED Directo es un servicio para medianas y grandes empresas (más de 15 trabajadores).

TEST DE UNIDADES DIDÁCTICAS

SOLUCIONES

Unidad 1

1. **b)** Falso.

2. **b)** Safari es el primer navegador diseñado directamente para los sistemas operativos de Apple.

3. **b)** Falso.

4. **a)** Verdadero.

5. **b)** Falso.

6. **b)** Un blog, también llamado bitácora, es un sitio web en el que el autor escribe una especie de diario en el que habla de distintas temáticas que interesan a un público determinado y pueden hacer comentarios, preguntas e interacciones.

7. **d)** El significado de las siglas URL es Uniform Resource Locator o Localizador uniforme de recursos.

8. **c)** Una red social puede ser considerada como tal si cumple con cuatro requisitos: ser una red de contactos, el usuario ha de tener un perfil, ha de permitir interactuar y ha de ofrecer interactuar (crear, compartir o participar).

9. **b)** Banca online es un portal o aplicación que el banco pone a disposición de sus clientes.

10. **a)** Verdadero.

Unidad 2

1. **a)** *Verdadero.*

2. **a)** *Verdadero.*

3. **d)** *Todas son correctas.*

4. **d)** *El phishing y el pharming son dos técnicas de robo de datos.*

5. **a)** *Verdadero.*

6. **b)** *El phishing es una técnica de ingeniería social en la que haciéndose pasar por una empresa de confianza, nos obligan a introducir nuestros usuarios, clave y contraseña para poder utilizarlos con posterioridad realizando compras y disposiciones de efectivo.*

7. **c)** *La banca y los comercios en línea usan la encriptación de datos para evitar la sustracción y utilización por terceros de la información de sus clientes.*

8. **a)** *Verdadero.*

9. **a)** *Verdadero.*

10. **c)** *Proceso de firma electrónica tiene cuatro pasos: identificar el documento, resumir el documento, codificar el resumen, creación de la firma electrónica.*

Unidad 3

1. **c)** El Sistema obliga a utilizar un certificado electrónico y además obliga a estar debidamente autorizado.

2. **a)** Una Sede electrónica es un punto de acceso seguro donde los usuarios pueden acceder a los trámites y la información que permite la misma, garantizando la integridad y veracidad de la información y de la documentación durante los 365 días del año y las 24 horas del día.

3. **a)** Certificado o DNI electrónico, Cl@ve, Número de referencia o CSV.

4. **b)** Por imperativo legal toda Administración Pública tiene que disponer de una Sede electrónica con garantías legales.

5. **d)** Administración electrónica.

6. **c)** El Sistema Contrat@ es una aplicación facilitada por el Servicio Público de Empleo Estatal (SEPE).

7. **b)** Falso.

8. **b)** El Esquema Nacional de Seguridad (ENS) tiene por objeto establecer la política de publicidad en la utilización de medios electrónicos en el ámbito de las relaciones electrónicas de las Administraciones Públicas y los ciudadanos y las empresas y está constituido por los principios básicos y requisitos mínimos que garanticen adecuadamente la seguridad de la información tratada.

9. **d)** SILTRA es una aplicación de escritorio multiplataforma desarrollada en entorno Java que permite el intercambio de ficheros de cotización.

10. **c)** El Sistema RED Directo es un servicio para pequeñas empresas (15 o menos trabajadores).

GLOSARIO

Asociación Española de Normalización y Certificación (AENOR)

Es una asociación española sin ánimo de lucro, privada e independiente, que desarrolla actividades de normalización y certificación (N+C), para mejorar la calidad en las empresas, sus productos y servicios.

Autenticación

Acreditación de la veracidad de una firma o documento.

Determinación de los medios que aseguran la integridad y veracidad de los documentos electrónicos.

Proceso electrónico que posibilita la identificación electrónica de una persona física o jurídica, o del origen y la integridad de datos en formato electrónico.

Autoridad de Certificación *(Certificate Authority)* (CA)

Es la parte fundamental del sistema de administración de certificados. Está compuesta por elementos humanos, hardware y software. Es la que se encarga de emitir y revocar los certificados digitales.

Autoridad de custodia

Es la entidad responsable de almacenar y mantener seguras las claves de encriptación generadas por las Autoridades de Registro para poder restaurarlas si fuera necesario.

Autoridad de Registro *(Registration Authority)* (RA)

Es la responsable de controlar la emisión y revocación de los certificados y quien da legitimidad a la relación de una clave pública con la identidad del usuario.

Autoridad de Sellado de Tiempo (TSA)

Tiene como misión la de firmar los documentos para garantizar la fecha y hora de realización de cualquier operación o transacción por medios electrónicos.

Autoridad de Validación *(Validation Authority)* (VA)

Su misión es comprobar la validez de los certificados digitales.

Blog

Diario dentro de un sitio web en el que el autor escribe una especie de diario en el que habla de distintas temáticas que interesan a un público determinado y pueden hacer comentarios, preguntas e interacciones. También se conoce como bitácora.

Bot

Programa informático que realiza ciertas tareas repetitivas con cierta inteligencia, como si de un humano se tratase. También, y dentro del ámbito de la ciberseguridad, hace referencia a un software malicioso que utiliza nuestros ordenadores sin nuestro consentimiento y, generalmente, para hechos delictivos.

Botnet

Red de ordenadores infectados con un software malicioso que secuestra gran cantidad de ordenadores y los pone a trabajar de manera coordinada sin conocimiento de sus propietarios.

Buscador

Es el software que opera indexando archivos y datos en la web para facilitar la búsqueda de los mismos respecto de términos y conceptos relevantes al usuario con solo ingresar una palabra clave. También se conocen como *browser* o SEO *(Search Engine Optimization)*.

Cajero ciudadano

Es una máquina expendedora que, siendo dependiente y estando conectada con el Ayuntamiento, nos permite realizar trámites con el mismo a través de una tarjeta o del DNI electrónico, sin necesidad de presencia de ningún empleado municipal.

Certificación Española (CERES)

Es un departamento de la FNMT que emite certificados electrónicos reconocidos por la amplia mayoría de las Administraciones Públicas, además ofrece a las Administraciones Públicas y empresas servicios de certificación que garantizan los principios de autenticación, integridad, confidencialidad y no repudio en las comunicaciones a través de redes abiertas.

Certificado digital

Es el sistema de identificación y seguridad que consiste en el conjunto de datos que se incorpora al navegador del usuario para hacer posible su identificación en Internet y así realizar las gestiones online sin necesidad de tener que presentarse físicamente en las respectivas oficinas. Al mismo tiempo protege las comunicaciones y está disponible para las personas físicas, jurídicas, asociaciones y Administraciones.

Cl@ve

Es un sistema de identificación que únicamente es válido para ciudadanos y que tiene como objetivo el unificar y simplificar el acceso electrónico, permitiendo que el ciudadano se identifique siempre con un único sistema de claves (usuario y contraseña) para todas las Administraciones y organismos.

Clean fraud

Es un fraude muy elaborado en el que todos los datos son correctos y no existe historial negativo del usuario, la tarjeta cumple todos los protocolos de seguridad y la IP es correcta.

Contrat@

Es el sistema dependiente del Servicio Público de Empleo (SEPE) que permite a las empresas y empresarios que actúan en nombre propio, así como las empresas y profesionales colegiados que actúan en representación de terceros, comunicar el contenido de datos de contratos, copias básicas, prórrogas, llamamientos de fijos discontinuos y pactos de horas complementarias a los Servicios Públicos de Empleo desde su propio despacho o sede profesional.

Encriptación

Es un procedimiento de seguridad que consiste en la alteración, mediante algoritmos, de los datos que componen un archivo. El fin último de este mecanismo es hacer que dichos datos se vuelvan ilegibles en caso de que un tercero los intercepte.

Firma digital

La firma digital se refiere a una serie de métodos de encriptación que permiten garantizar que el documento es el original y no ha sido alterado, asociándolo con la persona o equipo que emite el documento. Puede asegurar también la integridad del mismo.

Firma electrónica

La firma electrónica puede vincular un documento identificando a su autor, señalando la conformidad o disconformidad con el contenido de dicho documento, para señalar que se ha leído o garantizar que es el original y no ha sido modificado.

Instituto Nacional de Ciberseguridad (INCIBE)

Es una sociedad dependiente del Ministerio de Asuntos Económicos y Transformación Digital para el desarrollo de la ciberseguridad y de la confianza digital de ciudadanos, red académica y de investigación, profesionales, empresas y, especialmente, para sectores estratégicos.

Internet

Es una red informática mundial descentralizada, basada en la conexión de equipos informáticos mediante un protocolo especial de comunicación que hace que su heterogeneidad se convierta en una única red lógica.

Pharming

Es una técnica de robo de datos personales y claves de acceso que se desarrolla redirigiéndonos a una página que imita a aquella que estamos buscando y donde nos pide los datos de usuario y contraseña.

Phishing

Es una técnica de robo de datos personales y claves de acceso que se desarrolla suplantando a empresas de confianza y obligando al usuario a introducir sus datos.

PKI *(Public Key Infrastructure)* (Infraestructura de Clave Pública)

Es el conjunto de cosas necesarias de hardware, software, políticas y procedimientos de seguridad que hacen posible con garantías las comunicaciones mediante el uso de los certificados digitales y firmas digitales.

Principio de no repudio

Es el principio por el cual el emisor no puede negar su emisión y se garantiza la autoría de los mensajes. Este principio se cumple cuando enviamos una comunicación con certificado electrónico.

Red social

Herramientas de comunicación entre usuarios para compartir información en diferentes formatos de audio, vídeo, imagen o texto. Pueden ser de contenido profesional o de relación.

Repositorio

La Autoridad de Depósito es la que se encarga del almacenamiento de los certificados digitales emitidos, los revocados y aquellos que por algún motivo han dejado de ser válidos.

Reshipping

También se conoce como mula, se trata de un engaño a un tercero para que a través de una comisión reciba una mercancía comprada con una tarjeta falsificada y evitar así ser descubiertos.

Sede electrónica

Es un punto de acceso seguro donde los usuarios pueden acceder a los trámites y la información que permite la misma, garantizando la integridad y veracidad de la información y de la documentación durante los 365 días del año y las 24 horas del día.

Tarjeta ciudadana

Son unas tarjetas similares a las bancarias en su forma y también tienen banda magnética y chip, pero son emitidas por los distintos Ayuntamientos y permiten el acceso a distintos servicios y pagos en el ámbito de la Administración municipal y supramunicipal. Cada Ayuntamiento les da un nombre personalizado u otorga diferentes funcionalidades. Aquellos municipios dotados de cajeros ciudadanos también admiten su uso en ellos.

BIBLIOGRAFÍA

WEBGRAFÍA

Bibliografía

* Federación Española de Municipios y Provincias:

  ⇨ **Guía ENS para Entidades Locales: Guía estratégica en seguridad para entidades locales** (tomo I), 2017.

  ⇨ **Esquema Nacional de Seguridad (ENS). Cuaderno de recomendaciones**, Octubre de 2017.

Webgrafía

* **Diccionario de la Real Academia Española de la Lengua (RAE).** Disponible en:

  https://www.rae.es/

* **Boletín Oficial del Estado (BOE).** Disponible en:

  https://www.boe.es/

  ⇨ **Ley 11/2007, de 22 de junio, de acceso electrónico de los ciudadanos a los Servicios Públicos.** Disponible en:

    https://www.boe.es/buscar/act.php?id=BOE-A-2007-12352

  ⇨ **Ley 59/2003, de19 de diciembre, de Firma Electrónica.** Disponible en:

    https://boe.es/buscar/act.php?id=BOE-A-2003-23399

  ⇨ **Ley 40/2015, de 1 de octubre, de Régimen Jurídico del Sector Público.** Disponible en:

    https://www.boe.es/buscar/pdf/2015/BOE-A-2015-10566-consolidado.pdf

  ⇨ **Ley 39/2015, de 1 de octubre, del Procedimiento Administrativo Común de las Administraciones Públicas.** Disponible en:

    https://www.boe.es/buscar/act.php?id=BOE-A-2015-10565&tn=2

* **Diario Oficial de la Unión Europea (DOUE).** Disponible en:

  https://eur-lex.europa.eu/

* **Servicio Público de Empleo.** Disponible en:

  http://www.sepe.es/

* **Tesorería General de la Seguridad Social.** Disponible en:

  http://www.seg-social.es/